デンソーと農園経営から得た教訓

会社から逃げる勇気

畔柳茂樹
SHIGEKI KUROYANAGI

はじめに

人生最大のターニングポイントは会社から逃げることだった

20年勤めた大企業を退職して、まったく未知の農業の世界に飛び込んで、もう17年になる。2年間の準備期間の後、小さなブルーベリー観光農園を立ち上げた。オープン当初から行列ができる農園として話題になり、経営はすぐに軌道に乗った。

サラリーマン最後の5年である管理職時代は人生のどん底だった。長時間労働は当たり前で、自分の時間などまったくない、家族と過ごす時間も限られる。「一体、自分は何のために働いているのか」と考えながら、まるで暗闇の中をさ迷っているようで、進めば進むほど憂鬱になり希望の光などまったく見出せなかった。

そこから思い切って会社を飛び出し、大好きな農業で起業したことによって私の人生は劇的に、そして一気に好転した。現在は、サラリーマン時代からは想像できないほど充実した生活ができるようになった。

今、振り返ってみると人生のどん底だったサラリーマンの管理職時代から、這い上がってここまで登ってこられた最大のターニングポイントは何だったのか。間違いなくコレだと言える。それは、会社から「逃げる」決断ができたこと。

逃げることは恥ずかしいことではなく、勇気ある決断

みなさんは、「逃げる」「逃げ出す」というワードを聞いて、どんなイメージを連想するだろうか。ほとんどの人は、「ズルい」「ひきょう」「根性がない」「意気地なし」というマイナスのイメージではないだろうか。これは、「責任」から逃れるということから来ているからだと考えられる。

しかし、「逃げる」には、もうひとつ大事な目的がある。それは「危険」から逃れて自分自身

を守ることだ。

会社を辞めるか辞めないかで悶々と悩んでいたとき、私に退職するという決断をさせたのは、「自分自身を守るために逃げる」というものだった。詳細は後述するが、当時はそこまで追い込まれていた。だから「逃げる」とは、決して恥ずかしいことではない、むしろ勇気ある決断だ。

私が講演などでもっとも伝えたいこと、いわゆるメインメッセージは、「好きな仕事があなたの人生を変える」だ。好きなことを仕事にしたこともここまでの道のりの中で重要な要素であることは間違いないが、その前に「会社を辞める」決断をしていなければ、今の私はない。

誤解のないように言っておくが、会社に対しては、今は感謝しかない。会社で働いた20年間で身につけたことは計り知れないほど大きなもので、まったく畑違いの異業種起業にも本当に役立った。サラリーマン時代に培ったものがあったからこそ、斜陽産業の農業でも収益性の高いビジネスモデルを構築できた。

本当に苦しくて辛いサラリーマン時代を道半ばで退職することになるが、それは私自身の能力、適性、相性の問題であって、今となっては「素晴らしい会社で働かせてもらった」という思いで、これから何か恩返しできないかと考えている。

起業の目的は、「お金」ではなく、「自由」「自分らしさ」

逃げ出すように会社を辞めた経緯から、私の起業の目的は、「お金持ちになること」ではなく、「組織に縛られずに自由に自分らしく生きたい」だった。転職という選択肢もあったが、会社組織で働けば多かれ少なかれ制約を受けることは間違いない。だから迷いなく起業の一択だった。

そしてどうせ起業するなら、「好きなこと」「やりたいこと」を誰の指図も受けずにやりたい、という想いは揺るぎないものがあった。好きなことは「農業」だった。作物や経営スタイルを模索していく中で「ブルーベリー観光農園」に辿り着いた。農業といえば、キツイ、汚い、危険と言われる3K職場であり、また労働基準法の適用外産業ということもあり、長時間労働を前提としたブラック産業とも言える。

ただ私の起業の目的から考えると、長時間労働だけはどうしても避けなければならなかった。いくら好きなことを仕事にしたとはいえ、前職のサラリーマンのように自分の時間や家族と過ごす時間を犠牲にして働くことは、脱サラ起業した意味がまったく失われてしまうからだ。

だから、好きな仕事＝農業に取り組む最重要課題は、「いかに効率的にやるか」だった。少ない労働時間で最大限の成果を生むことを追求していった。流行りの言葉で言えば、コスパよりもタイパを重視した、費用対効果よりも時間対効果に重点を置いた生産性の高い農業をめざした。

その結果、「営業日が年間60日で年収２０００万円」という農業としては極めてタイパのいい、生産性の高い「ブルーベリー観光農園」というビジネスモデルが出来上がった。このモデルはすぐに話題になり、瞬く間に全国に展開されていった。

理想的なワークライフバランスを実現

経営している観光農園は小規模ゆえ、私の収入は誇れるほど大きなものではない。それでも十分な豊かさを享受している。豊かさには、経済的、精神的、時間的など様々な側面がある。私の経済的な豊かさはソコソコでしかないが、精神的、時間的な豊かさは十二分に享受している。いわゆるワークライフバランスは自分が望んだ理想的なものになっている。

繁忙期の6～8月を除けば時間は自由に使えて、旅行などの余暇はもちろん、自分がやりたいこと、たとえばセミナー、講演、執筆などの自己実現にたっぷり時間を費やすことができる。

前著である『最強の農起業!』(2017/年かんき出版)出版以来、私の考え方、働き方、歩んできた道のりに対して多くの方々に共感や賛同をいただいた。ブルーベリー観光農園の開設をサポートするセミナーにも「人生を変えたい」という方がたくさん集まり、全国に100軒以上のブルーベリー観光農園が誕生した。自分がやっていることは、世の中で必要とされている、役立っているという実感があるのも、豊かさにつながっている。

ここまでの道のりの中で様々な経験、そして気づきや学びがあった。お先真っ暗で進めば進むほど息苦しくなるような管理職時代のネガティブなものから、思い切って会社を飛び出して味わった「世界は本当に広くて自由、未来は選べる」といったポジティブなものまで私にとっては貴重な体験で、それは何物にも代えがたい財産だ。

ワークライフバランスや働き方改革が叫ばれる昨今、私の様に組織の中で立ち位置を見失った中高年サラリーマンはもちろん、自分を変えたい、何か新しいことを始めたいと考えている方々に、これからの生き方、働き方を変えるきっかけとなることを願って本書を執筆することにした。

contents

［第1章］

会社を辞めるきっかけになった14の問い

月曜日の朝、気持ちよく会社に行けますか？

こう聞かれて、すぐ「Ｙｅｓ」と答えられる人は、果たして何人いるだろうか。現在の私は、迷いなく「Ｙｅｓ」と答えられる1人だが、世間では本当に少数派に違いない。

なぜ少数派と言い切れるかというと、月曜日の朝の通勤電車に乗ってみればすぐわかる。まるで「地獄行きの列車」に乗り合わせてしまったかのような重苦しい雰囲気で、一様に暗い引きつった表情でスマホを眺めている。電車を降りてからも、その表情は変わることなく、うつむきながら足早にオフィスビルに向かう。それは自らの意志で主体的に仕事に行くのではなく、否応なしに不思議な力によってオフィスビルに吸い込まれていくかのように見える。

私もかつては同じだった。今では通勤電車に乗ることはめったにない私だが、たまたま乗り合わせると辛くて苦しかったサラリーマン時代を思い出す。すぐにやらなければいけないこと、今週中に片付けなければならないこと、課題にどう対処するかなど、電車に揺られながら仕事のことが次から次へと頭の中で堂々巡りする。吐き気を催すことも珍しくなく、陰鬱な気持ちで会社に向かっていた。

あの満員の通勤電車の中に日本の明るい未来は見えない。もし子どもや学生があの電車に乗り合わせたら、「早く大人になりたい」「早く仕事がしたい」と果たして思うだろうか。

なぜ、あそこまで息が詰まるような空気感なのか、理由は簡単だ。

それは、「好きなこと」「やりたいこと」を仕事にしていないからだ。今の私には「やらされ感」はまったくない。すべて自らやりたいと思うことを仕事にして取り組んでいる。曜日や時間に囚われることもない。時には土日も働くし、長時間労働もする一方で、早々に仕事を片付けてジム通いしたり、しばらく休んで海外旅行したりする。

月曜日だからといって特別な感覚はないが、正社員のスタッフ2名が土日休みで月曜から出社してくるので、程良い緊張感がある程度だ。いずれにせよサラリーマン時代と独立起業してからでは、雲泥の差があるが、ここまで激変したきっかけは何だったのか。

脱サラ起業のきっかけになった14の問い

本書を手に取られている読者のみなさんは、「人生を変えたい」「新しい一歩を踏み出したい」「自分が変わりたい」という想いを抱いた成長意欲や向上心をお持ちの方だと思う。想いの強さは人それぞれでも、そういう気持ちがなければ、この本を読もうとは思わないはずだ。

私が会社を辞めるかどうか迷っているとき、もっと具体的な質問をいつも自分に投げかけ自問自答していた。その質問は次のようなものだ。

❶ 会社でやりたいこと、挑戦してみたいことがまだたくさんあるか？
❷ 会社の中での自分の明るい未来が描けるか？
❸ 自分があこがれる理想の上司はいるか？
❹ 自分は会社にとってかけがえのない存在か？
❺ この先、昇給が期待できるか？
❻ この先、昇進が期待できるか？
❼ この先、キャリア、スキルアップが期待できるか？
❽ 仕事、生活のためには、自由は制限されても仕方ないと思うか？
❾ 自分の仕事が社会に貢献していると実感できるか？
❿ 今の仕事が自分には天職（ライフワーク）だと思うか？
⓫ 月曜日の朝、気持ちよく起きて会社に行けるか？

⓬ 今の仕事は、もともと自分がやりたかった仕事か？
⓭ 今の自分は、なりたかった自分なのか？
⓮ 今の仕事、あるいは会社生活を通して、自己実現ができると思うか？

最終的にはすべてが「No」となった

この問いに対しての答えは、20代30代40代で違う。新入社員から間もない20代は、緊張感も半端なかったがヤル気に満ちていたと記憶している。会社も順調に業績を伸ばし、いつの間にか誇らしいほどに堂々たる超優良企業という地位を確固たるものにしていた。その会社の成長に合わせて自分も成長しているような気がして頼もしかった。当時はバブル全盛期で将来に不安を抱く人は今よりもはるかに少なかったという時代背景も大きかったはずだ。

だからこの14の問いに対して20代の頃の「No」は❿⓫⓬くらいで、それ以外は「Yes」、当時はモチベーションが高かったことをうかがわせる。それがバブル崩壊で、閉塞感を肌で感じるようになった30代、そして管理職に昇進する40代。キャリアを積めば積むほど未来への期待は尻すぼみになり、昇給はしていくものの、責任の重圧から先のことを考えれば考えるほど不安な気持ちになった。この問いへの答えが「Yes」から「No」に次々に変化していく。

最後まで「Ｙｅｓ」で残っていたのは、❹の「自分は会社にとってかけがえのない存在か」というところだ。自分の代わりは自分しかいないと自分に言い聞かせていたから、課長職に昇進できた。また⓮の「仕事や会社生活を通して、自己実現できるか」は実に重くて辛い質問だった。心理学者のユングによれば、自己実現とは「自分の内なる能力を最大限発揮して、自分らしさを体現する」ことだ。今の私には自己実現など到底できるはずもないと感じていた。

そして管理職に昇進して数年後の40代前半で答えはすべて「No」となった。すべてが「No」とはどういう状態なのか、想像してほしい。これは長期間にわたり、過度のストレスや不安により、心身ともに疲れ果て、エネルギーを失った「抜け殻」の状態だ。このまま放置すれば、うつ病など精神疾患を患う可能性が高く、すぐに何かを変えなければならない危機的な状況と言える。

14の問いの半分以上が「No」なら転機が来ている

みなさんもこの問いに「Ｙｅｓ」か「No」で素直に答えてほしい。「Ｙｅｓ」が半分以上あれば、モチベーションも高く、今の仕事に十分やりがいを感じられるから心配はない。「No」が半分以上になれば、何か転機が来ていると考えるべきだ。「Ｙｅｓ」が３つ以下なら相当追い込まれた状態だから、事態を好転させるためにすぐに何か行動に移すべきときだ。そしてすべてが「No」に変わったら、もう時間の猶予はない、今すぐ行動を起こすべきだ。

人は追い込まれた方が変われる

過度なストレスから会社での立ち位置が追い込まれた方にとっては、この状況を打破できるのか、と不安になるだろうが心配ない。あなたが「心から変わりたい」「自分の人生を本当に変えたい」と切実に思うなら変われる。

私はもともと優等生タイプではあるが、そもそも消極的で後ろ向きの人間だ。積極的に何かに挑戦したり、人前に立ってリーダーシップを発揮したりすることができない人間だった。会社での居心地が悪くなければ、私は早期退職することなく、定年退職を迎えていただろう。

しかしながら、40代になって人生最大のピンチ、どん底を味わった。もう変わらざるを得なかった。人間は困ったときこそ、変わらなければならないし、変われる。だから現在追い込まれている方は変わるチャンスが到来していると考えてほしい。

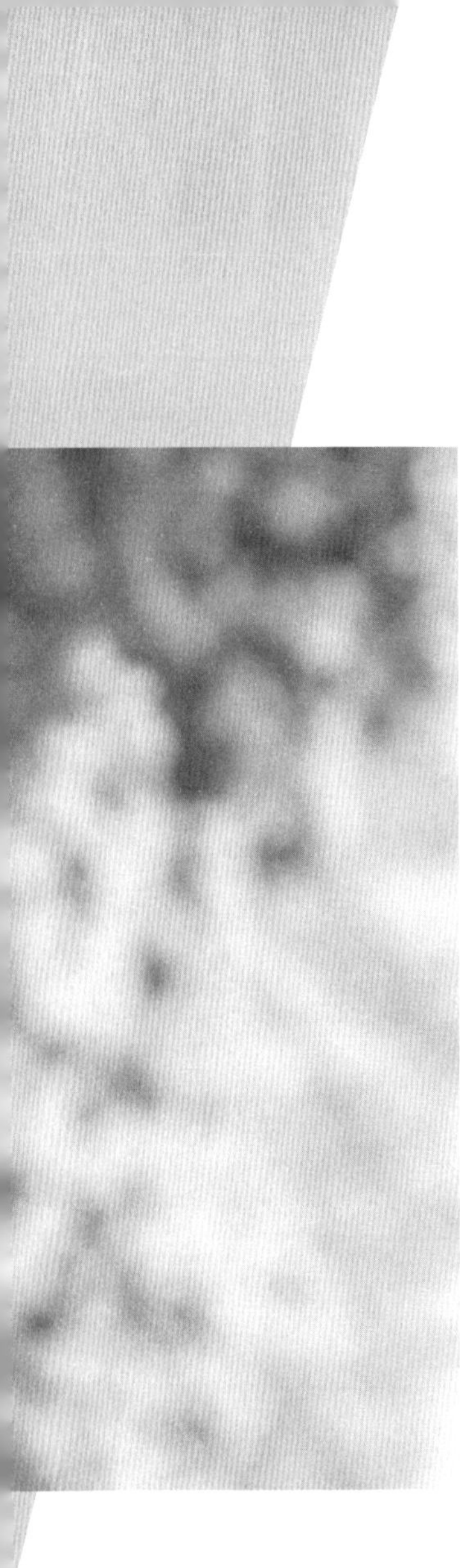

［第2章］

どん底の大企業管理職が会社を辞めるまで

100

承認欲求を満たすために一流大学へ

ここからは、前述の「14の問い」が「Yes」から「No」にいかに変化していったのかを意識しながら、学生時代から就職、そしてサラリーマン生活から脱サラを決意するまでのプロセスを綴っていく。

もともと承認欲求の強い子どもだった。いつの頃からそうなったのか思い出せないが、少なくとも高校時代には、「どうせ男に生まれたからには、世間で認められたい」という気持ちが強かった。

当時の私は、性格的に社交的ではなく、人見知りで、人前で自分の気持ちを表現できるような外交的なタイプでもない。物静かで控えめで一体何を考えているのかわからないという陰気で内向的なタイプだった。にもかかわらず、世間で認められたいという想いは人一倍強かった。

そんな内向きの自分が世間から評価されるにはどうしたらいいか。誰かに相談したわけではないが、「一流大学を出て一流企業に就職して出世する」というのが当時の自分なりに考えて出した答えだった。

あこがれの人を追って早稲田をめざす

小学校から部活といえば野球部で高校まで続けていた。プロ野球に行けるほどの才能はないがあこがれの選手はたくさんいた。当時大学生の野球選手でピカ一だったのは岡田彰布氏で早稲田大学の4番バッターだった。後に阪神タイガースのクリーンナップで活躍し、引退後は監督として阪神を38年ぶり2回目の日本一に導く。その岡田氏にあこがれて「志望校は早稲田大学」という大目標を設定した。

大学入試は、「共通一次」試験が導入されたばかりの時代で、それに伴い有名難関私立大学のレベルも一気に上がり、二流進学校に通う私にはとてつもなく高い目標・ハードルだった。偏差値70という数字にひるむことなく黙々と勉強した。

目標は設定したが、担任教師や両親から反対された。担任からは「うちの学校では成績がトップでも合格できるかわからない。だから今のお前の成績では無理」と相手にされなかった。両親からは「東京の私立は金がかかるから勘弁してくれ、地元の国立ではいけないのか」と執拗に言われた。しかしそれでも、私の意志は固く、最後は担任も親も容認せざるを得なかった。

このように周りから温かいサポートがすんなり受けられなかったことは、受験勉強に取り組むヤル気スイッチを全開モードに切り換えた。何が何でも合格してやる、といった反骨精神が芽生え、石にかじりついても「合格」を勝ち取る覚悟ができていた。

私の人生の中でヤル気スイッチが入って、揺るぎない覚悟を持てたのは2回ある。1回は言うまでもなく脱サラ起業したとき。もう1回はこの大学受験のときだ。

燃え尽きた大学時代、流されて一流企業へ就職

1日10時間に及ぶ受験勉強で成績は急上昇。1年浪人したものの、秋の模擬試験では合格確実ライン「A」判定が出るまでになり、第1志望の合格を手にした。このときの成功体験は、この後の脱サラ起業にも大いに役立った。「不可能はない、覚悟して本気を出せば目標は手に入れられる」という想いは今でも持ち続けている。

ただ大学に入学してからは、誇れるようなことは何もない。受験勉強で目標達成して燃え尽きてしまい、「燃え尽き症候群」のようになった。次の目標が見つからないのだ。うつ病を発症した人の中に、大きな目標を達成した直後にうつ病になる人がいると聞くが、それに近い状態

になった。不登校や引きこもりになったわけではないが、漫然とした充実感のない大学4年間になってしまった。

さて、どこに就職するか。当時唯一なりたかった職業は、「サラブレッドのトレーナー」だった。競走馬の美しさに惚れ込んで東京競馬場によく足を運んでいた。だが馬のトレーナーでは、大学での学びは活かせず、周りの理解を得られないのではないか、そう考えると現実的ではなかった。

結局のところ、大きな流れには逆らえず同級生たちと同様に一流企業に就職するのが無難で世間体もいいし、他者の評価も上がる。承認欲求は満たされるわけだから「これでいいんだ」と自分に言い聞かせてデンソー入社を決めた。

人生の第2ステージへ

1986年4月1日。親のすねをかじって生きてきた時代に別れを告げ、社会人になった。前日の夜、東京にいる大学生の彼女から電話で「今ならまだ戻れるよ」と言われ、その一言がもう後戻りできない新しいステージに足を踏み入れる、すなわち人生の第2ステージがスタートすることを実感させた。

入社したのは、株式会社デンソー。今では売上約6兆円、従業員約16万人（2023年時点）という日本を代表する世界企業だが、当時はその4分の1くらいの規模だった。それでも当時から安定した大企業に変わりはなく、特に株の世界では〝超〟の字がつく優良企業だった。そして時はバブル景気に突入する直前で、将来に何か楽しいことが待っているような、希望に満ちた時代だった。少子高齢化が急速に進み、労働力不足、地方の疲弊、賃金上昇を伴わない物価高騰など将来の不安が拭い去れない昨今と比べると恵まれた時代に就職できたものだと、今振り返るとつくづくそう思う。

新人としては高い評価、花形職場に配属

4月に入社して1か月間の新入社員研修、その後は約4か月間の工場実習が待っていた。工場の現場で会社を支えるブルーカラーの従業員と一緒に汗を流した。4か月も現場にいるとその職場になじんで、飲み会や慰安旅行にも参加させてもらった。夜勤もあって体はきつかったが、まだ責任のない立場ゆえ、むしろ楽しい工場実習だった。

いよいよ9月に正式に配属された。配属先は営業本部付営業企画室。営業本部だがお客様と折衝するのではなく、営業本部長（専務取締役）をサポートするスタッフ部門だった。同期の多くが、営業所や工場に配属される中、私は本社の専務取締役の目の前に席をもらった。当時の私の評価がいかに高いものであったかがうかがえる。

仕事は、楽しくはなかったが、直接営業本部長と話ができる立場なので誇らしかった。残業は当たり前、年初から3月いっぱいは次年度の目標設定の時期で多忙を極め、徹夜なんてことも珍しくなかった。そんなわけで多額の残業代が基本給に上乗せされて、入社したばかりの若手社員には十分すぎるくらいの報酬を手にしていた。

バブル到来、人生の勝ち組という錯覚

ほどなくバブル景気が訪れ、日本全体が空前の好景気に沸いた。金曜の夜は、職場の女性を誘ってディスコに繰り出し、休日はディスコを貸し切ったパーティーに参加したり、テニス、スキー、ゴルフとバブルを満喫していた。クリスマスともなれば、彼女と一流ホテルのレストランで食事をしてそのまま宿泊することが当たり前のご時世だった。就職内定者を拘束するために

海外旅行に連れ出すことを大企業ならどこもやっていたし、メディアがそれをよく取り上げていたのも、この時代を象徴する出来事だった。私の場合、バブルと独身時代が見事に重なっていて、今でも〝あの頃に戻りたい〟と思うのは学生時代ではなく、バブル全盛期の頃だ。

当時、感じていたのは、「自分は人生の勝ち組」だということ。私は就職時にデンソーのような大企業にお世話になるのではなく、サラブレッドのトレーナーになりたかったが、たまたま一流大学に進学したばかりに、大きな流れには逆らえず、ほとんどの同級生がそうであったように、大企業に入社することになった。

一流大学から大企業という進路は世間体もよく、両親や友人知人から祝福されるので悪い気はしない、むしろ嬉しいことだった。周りから祝福されることで、やりたかったことへの想いを封印していた。さらに入社してすぐに熱狂のバブル景気が訪れ、前述のような華やかな生活が送れたのを考えると「自分の選択は間違っていなかった。正しかったんだ」と思い込むようになっていた。この想いが錯覚であったことを自覚するには、もう少し時間が必要だった。

このような実体からかけ離れた空前の好景気は、そう長く続くはずがない。バブルはあっけなく終焉を迎え、その後、失われた10年、20年、最近では30年とも言われる経済低成長の時代が続く。私も時を同じくして1991年5月に28歳で妻と社内結婚し、勢いに任せて弾けるように遊んでいた時代は終わった。

会社の締め付けが一気に厳しさを増す

バブル崩壊後、会社の雰囲気も一変した。デンソーは不動産投資などには手を出さず、地道に製造業として成長を続けていたため、バブルが終わっても会社が傾くようなことはなかったが、会社の中の締め付けは一気に厳しくなった。

変動費が徹底的に切り詰められ、残業ゼロ、コピー用紙は再生紙、昼休みの消灯、鉛筆一本買うのも厳しくチェックされるような経費節減活動が全社的に展開された。

究極は光熱費を削減するため、電力料金の割安な土日に出勤して、平日休みを導入するような大胆な方策もとられた。積極的に売上を伸ばすような投資は見送られ、「乾いた雑巾をさらに絞るような」コストカットの嵐が吹き荒れた。バブルのツケは予想以上に大きかった。

会社生活15年、自分の序列・ポジションが見える

サラリーマン生活も10年以上を数えると、同期の中での序列も見えてくる。私は、新入社員当時は相当高い評価を受けトップの一握りに入っていたが、その後期待された成果が残せず、序列は人並みの真ん中程度まで下げていた。

働き始めて10年以上が過ぎ、人並みの出世では、この先いくらがんばっても役員はおろか部長への昇進も厳しい状況であることは、容易に理解できた。

自分の序列がどんどん下がり人並みにまで落ち込んだことについて、残念ながら自分でも納得していた。なぜなら、会社の中には自分の能力をはるかに超える同僚たちがいくらでもいることをハッキリ認識せざるを得なかったからだ。さすが一流企業は優秀な人材の宝庫、その中で自分が出世競争から脱落したことを自覚した。

それでもまだ人並みの出世はしていたわけで、真面目に取り組みさえすれば管理職への昇進は十分可能なポジションにいた。果たしてこのような状況の中で課長職に昇進することに意味はあるのか。

管理職になりたくないが7割

みなさんは管理職、とりわけ代表的な中間管理職である課長職についてどんな印象をお持ちだろうか。当時のデンソー若手社員に聞くと「課長にはなりたくない」と口を揃えるほど人気のない役職だ。出世したくないということではなく、役職の中で課長職がもっとも激務だからだ。朝早くから深夜まで、時には休日返上で働く課長に時間的な余裕はまったくないと誰の目から見ても明らかだった。

この管理職になりたくないという傾向は、デンソーに限らず広く一般的なものだ。経営コンサルティング会社の識学が2023年1月に調査したアンケート結果によれば、管理職になりたいが8%、条件によってはなりたいが20%、残り72%が管理職になりたくないと答えている。実に7割強の人が管理職を敬遠している。

その理由は、出世欲がない、責任が伴うから、仕事量が増えるからなど様々だが、基本的に昇進して仕事量が増え、責任も重くなるが、それに見合うほど報酬が上がらないということらしい。それならば昇進せず、現状維持の方が楽ということだ。

望まないのに管理職をめざす矛盾

そんな誰しもなりたくない課長だが、人並みに出世していれば昇進のチャンスが与えられ、過酷な研修を受けた後、晴れて課長になれる。

ただ、嫌なら必ずしも課長になる必要はない。「もう昇進せず、この役職のままで十分です」と宣言すれば済む話だが、それは自分のプライドが許さない。サラリーマンになったからにはせめて課長くらいにはなりたいという想いもあり、ほとんどの人はそんなことは言わない。

特にデンソーのような大企業に就職する人は、一流大学から一流企業という道を歩んできており、大企業の管理職になることは、世間体のいいステイタスだ。

プライドだけではない、管理職は激務だが、確実に収入は増える。結婚して子どもが生まれ、自宅を購入する場合には、必ず年収が上がっていくことを前提にライフプランを設計しているはずだ。その中で昇給を放棄することは、ライフプランを大きく狂わせ設計変更を迫られる。

だから自ら出世しない選択をすることは、基本的にはできない。気持ちとしてはなりたくないのに、それとは裏腹に昇進しようと必死にもがく姿は、実に矛盾に満ちている。

さきほどのアンケートでは管理職になりたい人は少数派だが、実際に昇進のチャンスが巡ってきたら、そう簡単に拒否することはできないのではないか。アンケートが本音だろうが、現実の選択は違ったものになってくる場合が多いはずだ。

課長になったら地獄だった

2003年1月課長に昇進。本来は昇進したのだから嬉しいはずだが、私に限ってはまったくそんな気持ちは微塵も感じなかった。前年から仕事内容が大きく変わり、ただでさえ要領がつかめず、あたふたすることが多かった中での昇進であり、またその仕事柄、年初から3月いっぱいが猛烈な忙しさであることがわかっていたので、嬉しいどころか顔が引きつった状態で2003年の新年を迎えた。

さて、新年早々から3月頃までどんな生活だったのかをお伝えすると、出社は遅くとも8時前、部下の誰よりも早く出社し、帰るのは誰よりも遅く22時前に帰れるようなことはまずなかった。それでも土日に2日休めればいいが、たまっている仕事を片付け、今後の方針などを整理しようとすると、どうしても土日のどちらか1日は出社せざるを得なかった。2月になって仕事量がクライマックスになったときは、土日返上が3週間ほど続き、とうとう26日間連続勤務となってしまった。その年齢になって、最長の連続勤務日数を更新するとは思わなかった。

管理職になると労働組合の組合員ではなくなるので、もう組合は守ってくれない。だから労働時間の規制はなく無限に働いても構わない。よくニュースになっている〝過労死〟が他人事ではないと感じるようになった。

その頃から、妻に自宅から会社に出かけた時間と帰宅した時間の記録をつけておくようにお願いした。万一、過労死したらその記録をもとに労災認定してもらえるようにするためだ。事態は切迫していた。

長時間労働を余儀なくした3つの要因

今振り返って思うと、ＩＴ化で効率化する一方で、仕事量を増やし長時間労働を余儀なくさせる次の3つの要因があった。

1つ目はグローバル化。平日であれば、世界中のどこかの支店や工場は稼働している。本社としての海外拠点のサポートやオペレーション業務は無限にある。わかりやすい例でいうと、米国と仕事が始まると時差が昼夜逆転しているので、直接電話で話すとなると早朝か深夜でなければコンタクトできない。メールだけで仕事が進んでいけばいいが、そんなにすんなりいくことはまずない。だからどう考えても役職にかかわらず長時間働かざるを得ない状況に追い込まれる。

2つ目は、残業規制。以前はタイムカード管理でゆるやかで弾力的に運用していたが、IDカードを入退場時にスリットするコンピューター管理方式に変更になったことで、融通がきかなくなった。たとえば繁忙期の残業時間の一部を閑散期に回すということができなくなった。

これによって何が起こるかというと労働基準法の範囲内で仕事が片付かなくなる。それではどうするのか、答えは残業規制のない管理職があふれた仕事を引き取って深夜か休日にこなすしかない。

3つ目は、部下との対話重視。昔は上下関係が絶対的なもので上意下達が当たり前だった。だから課長が言ったことは絶対で、問答無用でつべこべ言わずにがむしゃらにやるしかなかった。だがいつの間にか、目的や理由をしっかり部下に説明して納得してやってもらうように世の中が変わった。部下との面談も必ずやるようになった。これは良い方向に変わったわけだが、上司にしてみれば、今までやっていなかったことに時間をかけるわけで負担は増える。

さらには、ネットで何でも調べられる時代になって、上司の過去の経験がいとも簡単にネットで検索されてしまうようなご時世になってしまった。だから経験年数が長い管理職だからといって威厳を振りかざすようなことはできなくなった。私が新入社員だった30年前と比べると今の中間管理職は、より過酷な労働環境に置かれていると言って間違いないだろう。電通の新入社員の自死が話題になったが、若手社員も管理職も相当厳しい労働環境にあるはずだ。

明るい未来が描けない、見通せない生活に絶望する

課長になって2年はがむしゃらに目の前の仕事に全力で取り組み、職責をまっとうしようと必死だった。その日その日を何とか乗り切ることに精一杯で決して戦略的、計画的に仕事ができたわけではない。従って充実感や達成感などまったくなかったし、プライベートな自分の時間もほとんどなく、未来に希望の光が見えない生活だった。また当時の上司（部長）との折り合いも悪く、パワハラのような扱いを受けることもあった。

課長になって3年目、多少なりとも精神的にゆとりが生まれるようになった。普通なら喜ばしいことだが、事態はむしろ深刻になった。今まで忙しすぎてゆっくり考える暇がなく気にな

らなかったことが、気持ちに余裕ができると同時に気にかかるようになり、考え込む日々が続くようになった。いつも頭に浮かんでくるのは、

自分は会社にとってかけがえのない存在か？

自分の会社生活に未来はあるのか？

自分は一体何のためにこんなに猛烈に働いているのか？

自分はこんなに仕事ばかりするために生まれてきたのか？


すぐに答えの出ないような問いが頭の中で堂々巡りしていた。

そしてもう少し現実的な問題として次のようなことも考え、感じていた。それは、この先出世してもせいぜいもう1ランク上の昇進、昇給するくらい。そこまでは可能でも、現在の自分の序列を考えると、さらに上に登っていける可能性は極めて低い。

また周りを見回しても「この人のようになりたい」という理想的な上司は皆無だった。この先の会社生活は、まるで真っ暗闇の中を手探りでさ迷い歩いていくような感覚に囚われた。

眠れない日々が続く

そんな自分の未来のことを考えては不安に押しつぶされそうになることが頻繁に起きるようになった。答えのない問いを悶々と考える日々が続いて、いつの間にか、眠れなくなっていた。正確に言うと寝つきは悪くなかったが、早朝4時くらいにパチッと目が覚めて、もういくら眠ろうとしても眠れない悪い生活習慣が常態化してしまった。

早朝に目が覚めて布団の中で考えることは、その日にやらなければならない仕事のことはもちろん、人間関係の悩みや、自分のこれからの行く末など暗いことばかり。これが私から活力を確実に奪っていった。眠れないまま6時の起床時間を迎えることになるが、体が重く、出社して自分のデスクに座る頃には、もうくたくただった。これでその日の生産性が上がるわけもなく、暗くどんよりした一日が始まるのだった。

うつ病を身近に感じる

事態はますます深刻になった。自分の体に起きた変調は、眠れないことだけにとどまらなかった。自分の不甲斐なさや将来の見通しが立たないことへのやり切れなさを強く感じるようになり、気持ちがどんどん自分の内側に向き始め、「なんてダメな自分なんだ！」と自分で自分を責めるようになった。自宅から最寄りの駅まで車で通っていたが、帰宅途中の車中で、自分の中にたまっていたやりきれない想いが一気にあふれ出してきた。

それは車中で奇声を発するという形で現れた。「ウォーーー」「ちくしょう」「このやろう」「自分はダメな人間だ」。こんなネガティブで汚い言葉が次から次へと口から出てきて、大きな声で叫んでいた。〝家族に心配をかけたくない〟という想いもあって、家に帰る途中、誰にも気づかれず迷惑をかけないように、たったひとりの車中で奇怪な行動に至ったのだと思う。こうして「眠れない」「奇声を発する」という深刻な事態が日常になっていた。世間で言われているうつ病が他人事ではない、ごく身近に感じられた。

会社内の身上相談室の門を叩く

この自分の体に起きた変調を放置しておいてはいけないと感じ始めていた。まずは社内にある2つの相談室「身上相談室」と「メンタルヘルス相談」の門を叩いてみることにした。これらは会社内にありながらも、相談したことはあくまでシークレット扱いだと聞いたので行ってみた。以前はこのようなところにお世話になるとは夢にも思わなかったが、このときに至っては、少しでも事態が改善すればと、すがるような想いで足を運んだ。

身上相談室は、会社でのメンタル的な相談に限らず、どんな相談にも乗ってくれるところで、たとえば遺産相続や子育ての問題なども対象となる相談室だった。

ここでどんなアドバイスをもらったのか、まったく覚えていない。多分、行く場所を間違えたと思ったのだろう。

もう1つのメンタルヘルス相談は、資格を持った看護師さんがじっくり話を聞いてくれた。ここでは、しばらく休暇、休職したらどうですかと言われ、最低でも1か月、可能なら1年でもいいと、思い切ってしばらくの間、会社から離れてリフレッシュしてみないと事態は改善しないのではないかというアドバイスだった。

しかしながら、私の捉え方としては、「そう簡単に言われても困る」「責任ある立場なので難しい」というもので、親身になって言ってくれたとは思ったが、寄り添ってくれている感じがしなかった。

やっぱり心療内科に行くしかない

社内の相談室は期待できないとわかり、次は医療機関の心療内科に行ってみることにした。その医院は、初診の場合のみ、診察時間終了後に30分程度時間をかけて、何に悩んでいて、今の症状がどんなものかを医師に理解してもらって、診断するようなシステムになっていた。そこで下された診断は、次のようなものだった。

「今のような過酷な職場環境なら、誰でもあなたのようになる。だからあなたはうつ病ではないと思う。でも症状を改善するために少し薬を飲んでみますか」

とりあえず安心はしたのだが、処方された薬は、抗うつ剤。いわゆるうつ病のときに処方される薬だった。うつ病というものは、何か数値で判断できるものではなく、あくまで医師の主観的な評価に基づいている場合が多く、仕方ないことなのだろう。処方された薬も試しに飲んでみたが、体に合わずにすぐに止めた。もともと薬嫌いでサプリメントなども含め、日常的に飲んでいるものはないし、病気になってもなるべく自分の治癒力で治すようにしている。抗うつ剤を飲むと、薬が効いている間は、それなりに調子がいいような気がするが、薬が切れると一気に脱力感に襲われ、無気力な状態に陥るようになり、飲んで1週間ほどで止めてしまった。

このままでは自分が壊れる。会社から逃げるにはどうするか

社内の相談室や心療内科の門を叩いたものの、事態は一向に好転しなかった。この頃から、このままこの職場で働き続けることが、将来の自分にどんな事態を招くのだろうと考えるようになった。今のような危機的なメンタルヘルスの状態が長い期間続くことは、それこそ本格的な心の病を患うことにつながり、このままでは自分が壊れてしまうという、身の危険を感じるようになっていた。

とにかく、一度今の仕事から離れなければ、この危機的な状況を打開することはできないと

考えた。さて、今の仕事から逃げるにはどうしたらいいのか、次の焦点はそこに移っていった。

自分を守るために会社を辞めるしかない

今の仕事を離れるとなると、選択肢は3つしかない。

❶少なくとも1か月以上、長期的に休職すること。

❷上司に願い出てもっと責任の軽い楽な部署に配置換えをしてもらうこと。この場合は、降格、つまり管理職から平社員になってしまうことも十分想定したうえでのことだ。

❸会社を退社して転職、ないしは脱サラ起業すること。

前述❶は、同じ職場に復帰することを前提に考えるとしばらく休んだところで事態が好転するとはとても思えなかった。だから選択肢から外れた。❷は、いわゆる窓際族的な存在になることを意味するので、自分のプライドを捨て去り会社にとことんしがみついていくことを覚悟する必要がある。この選択は、自分にはできなかった。意外に自尊心が高く、自分の価値を自ら下げるようなことは、私にはできなかった。そうなると❸の会社を辞めることしか道は残されていないことになる。

退社して転職か脱サラ起業か。転職してまた組織の中で縛られ、気を遣いながら働くことはまっぴらごめんだと考えるようになっていた。転職するくらいなら会社に残って、自分の新しい役割を模索していった方が得策だと思った。

ならば残された道は1つしかない。それは、「自分を守るために会社を辞める、退社して独立起業する」というものだ。起業して上手くやっていける自信があったわけではない。選択可能な道は1つしかなかっただけだ。

組織に縛られず自分らしく輝きたい

ここまで伝えてこなかったが、私には就職当時から漠然としてではあるが独立志向があった。チャンスがあれば、定年を迎える前に独立してみたいということは、結婚前から妻に伝えていた。それを妻がどこまで真剣に受け止めていたかはわからないが、何度となく口にしていたので、あながち冗談で言っているわけではないと感じていただろう。

課長になってから、仕事が辛くなればなるほど、この脱サラ起業の想いは頭を離れなくなっていた。組織に縛られずに輝きたいと思う一方で、「どうせ無理」「自分にそんな才能はない」「失敗したらどうするのか」「家族が路頭に迷ったらどうするのか」、そんな不安な気持ち、怖《おそ》れの感情が脱サラの想いを封じ込めてきた。

どうせ独立するなら「好き」を仕事に

万一、仕事を辞めるなら、自分は何をやるのか、やりたいのか。これについては、迷いはなかった。子どもの頃から「いのち」を育むことに無常の喜びを感じていた。動物、昆虫、魚、植物などいのちあるものを世話してその成長を見守ることが何よりの喜びだった。だから、もし独立起業するなら、自然と向き合える仕事、農業しかないと思っていた。

大学を卒業して就職するときに本当はやりたいことがあったと言ったが、そのやりたいこととは、サラブレッドのトレーナーだった。大学時代にサラブレッドの美しさに魅了され、東京競馬場によく通っては、馬の育成をしたいと考えていた。そんな記憶も薄れかけていた頃、課長になる3年前に一戸建てを新築した。その庭を自らガーデニングしたこと、また近所で畑を借りて家庭菜園を始めたことで自然と触れ合う喜びを再び思い出したことから農業への想いを募らせていた。このようなことから、自分のやりたいことは一貫してブレていなかった。

実家に農地があったのは幸運だった

幸いにも私の実家には先祖代々の農地があった。といっても親が農業に従事していたわけではない。父親は、トヨタ自動車の工場に勤務するサラリーマンで農業をする姿はほとんど見たことがなかった。母親も家庭菜園で自分の食べる野菜を栽培する程度だった。農地はあったものの、近隣の専業農家に預けっぱなしの状態で、自分の家が農家という認識はほとんどなかった。父親からも、「農業では食っていけない」と聞かされていたし、必ずしも農地を守っていく必要はなく、必要なら引き継いだ農地を売却しても構わないとさえ言われていた。

ただ、振り返ってみると、実家が農地を所有していたのは大きかった。今では新規就農の相談をよく受けるが、農地探しに苦労することが多い。理由は農地には規制が多く流動性が制限されているからだ。農業の競争力強化が叫ばれる昨今、規制が緩和されていく方向であることは間違いないが、農地を所有していたことは農業参入を容易にした。

苦悩する中で出会った1冊の本

もし脱サラ起業するなら農業をしてみたいと、ここまではいいのだが、まったく畑違いの業界でそれも未経験者の私が農業で成功する自信はなかったし、世の中そんなに甘くないと考えていた。そんな会社を「辞める」「辞めない」と苦悩する中で1冊の本と出会った。それは文化人類学者の上田紀行著『生きる意味』（岩波新書）。

この中の一節が自分の胸に突き刺さった。

特に自分の気持ちを揺さぶった3つの文章を以下に引用する。

《長い間、この日本社会で私たちは「他者の欲求」を生きさせられてきた。ほかの人が欲しいものをあなたも欲しがりなさい。そして「他者の目」を過剰に意識させられてきた。ほかの人が望むようなあなたになりなさい。しかし、そうやって自分自身の「生きる意味」を他者に譲り渡すことによって得られてきた、経済成長という利得はすでに失われ、私たちは深刻な「生きる意味の病」に陥っている。》

《今私たちの社会に求められていること、それは「ひとりひとりが自分自身の『生きる意味』の創造者となる」ような社会作りである。》

《経済的に自立していても「生きる意味」において自立していなければ、私たちはこの社会システムの奴隷となってしまう。学校の成績が良くても、本当に自分のやりたいことが分かっていなければ、私たちは単なる「いい子」だ。そこから本当の自分自身が「意味の創造者」となれるかどうかが問われているのである。》

会社にとってかけがえのない存在なのか

この本を読んでから、「自分は会社にとってかけがえのない存在なのか」というこの問いが絶えず頭の中にあった。以前は、「自分がいなくなったら会社は絶対に困るはずだ！」と自分に言い聞かせていた。だがこの本を読んでから違うのではないかと考えるようになった。特にデンソーという会社はカリスマなき超優良企業で、強力なリーダーシップを発揮するオーナー創業者がいるわけではなく、盤石な組織力で成り立っている会社だ。そんな会社の中で「かけがえのない存在」などあるのだろうか。私は間違いなく「交換可能な存在」だと自覚するようになっていた。

必要なときに必要なモノに出会う「早期退職制度」

その本に出会ってまだ気持ちが揺れ動いているときだった。会社には管理職専用サイトがあり、ときどき覗いてみる程度だったが、その日も息抜き程度にサイトを閲覧していた。必要なときに必要なモノに出会うとはよく言ったものだ。というのは、そのとき私は今後の進路を決定づける重要な制度があることを初めて知った。それは「早期退職制度」だった。そんな自分にとって大事な制度になぜ今まで気づかなかったのか不思議だが、とにかく自分が迷っているときに見つけたのだ。

早期退職制度は、経営が行き詰まった会社が立て直しを図るために、臨時募集するような制度だと思っていたが、デンソーのような優良企業でも景気にかかわらず常時募集していることは驚きだった。

この制度が今も会社に残っているかどうかは知らないが、当時は、早期退職することによって退職金が割増しで支給されるもの。ただ条件がいくつもあって、勤続15年以上の管理職であること、適用は45歳から、競合先への転職では適用されない、などだったと記憶している。

迷いが一気に吹き飛んだ

この制度には、もうひとつ重要なサポートシステムが用意されていた。それは正式な制度適用の1年前からの「研修期間」である。たとえば専門学校などに通って必要なキャリアやスキルを習得する時間が1年間与えられているわけだ。それを考え合わせると、私の年齢からすると、あと1年で制度適用が可能になるということを意味していた。この瞬間、小躍りしたいような気持ちだった。これで、会社を辞めて宿願の農業に進むことができるかもしれない。自分の中では腹が固まった。

最初のハードル、妻の理解

1冊の本と出会い、早期退職制度を見つけたことにより、「脱サラ農業」に向けて一気に動き始めた。ただ20代30代の起業と違い、勢い任せに行くのではなく、少し冷静かつ慎重になって、ハードルをひとつずつクリアしていく必要がある。最初のハードルは妻の理解を得ることだ。妻との間にはある程度の信頼関係は築けていると思っていたが、この先一番の不安材料は、これから経済的に成り立っていくか、ということだ。気持ちを伝えただけでは不十分なので、この先、生活していけるのかを数字で説明することにした。

私は長年、事業計画担当だったので、お金の流れ、キャッシュフローをわかりやすく整理してみた。退職金、生活費、教育費などは精度の高い数字が把握可能だが、農業については、まだどんな事業にするのか決まっていなかったので、新規に農業を始めた場合のモデルケースを参考に農業への初期投資、必要経費、売上を整理して数年間の収支を計算した。

妻には、「会社を辞めて農業で起業したい」という気持ちを正直に伝えた。そして早期退職制度を活用し起業すれば、すぐに家族が路頭に迷うようなことはないことを、用意しておいたキャッシュフローで説明した。

「いざとなったら私がなんとかするわ」の妻の一言に勇気づけられる

前述したように、私にはもともと独立志向があったので、ある程度予防線を張っていた。だから妻もある程度、心の準備はできていたようだ。とうとうそのときが来たかという気持ちだったようで、意外にもあっさり「一度しかない人生だし、やってみたら」「いざとなったら私も働いてなんとかするわ」と言ってくれた。妻は小学校教諭の免許を持っていたので、フルタイムで教員をすれば、家族4人なんとかやっていけるはずだという腹積もりがあったようだ。

妻は、もともとぜいたくな生活がしたいというよりも、平凡でもいいから家族4人が平和に仲良く暮らせることを望む人だった。後のテレビ取材でも「主人を見ていて本当に辛そうだったし、退職してもつつましく生活すればなんとかなる」とインタビューに答えていたように楽観的で朗らかな人柄に助けられた。

次は4人の親の理解、自分の両親はわかってくれた

最低限、妻の理解だけでもOKだと思ったが、それでも義理の両親も含めた4人の親に何も伝えずに辞めるわけにはいかない。納得してもらえればそれに越したことはないが、少なくとも面と向かって自分の気持ちや考えを伝えることだけはしたかった。

私の両親は、昔から決めつけたり、押し付けたりする人ではなく、進学も就職も私の決めたことを尊重してくれるような人だったので、多分、理解してくれるだろうと考えていた。予想通り、両親の反応は「過労死するよりもいいな」というものだった。私の場合、浪人して東京の私立大学に行かせてもらっていたので、親としても経済的な負担は相当なものだったはず。普通なら、そこまで手をかけてきた自分の息子が一流大学から大企業管理職のキャリアを捨てることについて「もう少しガンバレ」と言いそうなものだが、その辺はとても理解のある両親で、恵まれた環境で育ったとつくづく思った。

同じ会社の元部長だった義理の父親へ話すのは気が重い

一番気がかりだったのは、義理の両親の理解だ。すでに退職はしていたものの義理の父親は、同じ会社の元部長、あと一歩で役員に手が届きそうな優秀なサラリーマンだった。いつも「デンソーは優良企業だ」と語っていて誇りに思っているような人へ話に行くことは、とにかく気が重かった。

ただこの最難関と思われた義理の父親でさえ、「自分で決めたことだから、ガンバレ」と言ってくれた。そしてもう1人、義理の母親、彼女は反対したわけではないが、気落ちしていたのはよく覚えている。それもそのはず、一人娘を大企業のサラリーマンに嫁がせたのに、それがある日突然、不安定でこの先どうなるか見通しの立たない農家の嫁になってしまったのだから、がっかりするのは当然で、よく理解できる。

これで双方の両親4人も基本的にこの脱サラ起業を認めてくれたわけで、この上ない味方を得て、一層弾みがついた。

1年後の退職を決意、専務に辞表を提出

辞表は最終的には所属事業部の最高責任者、専務取締役の承認を得なければならなかった。私は責任ある課長職ゆえ、急な退社で周りや部下に迷惑をかけてはいけないと考え、退社の1年前に申し出ようと決めた。

専務というと会社ではトップ10に入る重鎮だが、私が新入社員で専務がまだ係長時代から仕事でかかわりがあったので、気心が知れた上司だった。

専務もかつては「俺もそろそろ会社を辞めて、オートキャンプ場でもやるぞ」と半分冗談で言うような愛嬌のある人だった。だから極端に緊張した面持ちで辞表を提出したわけではなく、専務なら自分の気持ちや想いを理解してくれるはずだと期待感を持って役員室のドアを叩いた。

年収が2桁下がる、それでもいいのか

専務に辞表を提出したときの会話がとても興味深く、農業の実態を端的に表しているので以

下紹介する。

私「専務、どうしても好きなことをやりたいので会社を辞めさせてください」
専務「ほお……、好きなこととはなんだね」
私「農業です」
専務「正気か、農業で生活ができるのか？　今の年収より2桁下がるぞ、それでもいいのか」
私「え!?　1桁ではなく、2桁ですか（笑）」
専務「うちの娘は農業系の大学に行っているからその辺のことは詳しい。農業とは、そういうものだ。ほとんど金にならんぞ」
私「いえ、決めたんです。きっと儲かる仕事に変えてみせます」
専務「そうか、その覚悟があるなら何も言わん、思う存分やってみろ」
私「ありがとうございます。がんばります」

ここではスマートな会話で表現したが、実際にはもっと泥臭い会話だった。だが内容的には、こんなイメージの会話をした。専務が言ったのは、1000万円以上ある年収が農業では2桁下がる、要するに年収が100万円にも満たないほど厳しいのが農業の現実だと言われた。その専務は適当に脅したわけではなく、子どもさんが農業系の大学に通われていたので、農業の実態をかなり詳しく把握したうえでの発言だった。ただそのときは、半分以上脅しだろうと思っていたが、会社を辞めて、農家を訪ね、農業大学校で勉強するうちに、専務の言っていたことが農業の実態だとわかった。

覚悟した瞬間に不安はすべて期待に変わった

専務の承認を得たことにより私の退職は決定的なものとなった。退路を断ち、もう後戻りできないわけだから、前に進んで起業するしかない。

そう覚悟を決めた瞬間、これまでの人生の中でも経験したことのない解放感、期待感、ワクワク感が体中を走った。上手く表現できないのがもどかしいが、その覚悟をした瞬間は、「それまで明かりのない真っ暗闇の狭い道を手探りでさ迷い歩いていたが、ある日突然、そこに光がさして一気に視界が開け、道が拓けた」ような、まるで映画やドラマを見ているような感覚を経験した。

不思議なもので覚悟するまでは不安がいっぱいで頭から離れなかったのに、決めた瞬間に不安はいつの間にかすべて期待に変わっていた。

部下には今でも申し訳ない気持ち

会社や部下に迷惑をかけたくないという想いから、1年後に退職することを決めたが、これを知っていたのは一部の上司のみ。もちろん部下にも伝えられるようなことではない。辞めることが決まっているボスの下で働くことは、モチベーションを大きく下げる。言えないということは辛くて苦しいことだ。

部下に話したのも最終出社日の1週間ほど前だったと記憶している。部下にしてみれば、キツネにつままれたような話で、きっと見捨てられたような気持ちになったのではないだろうか。だから部下には何もしてあげられなかったという自責の念は今でも持っている。その償いというわけではないが、私のところに脱サラ起業や新規就農のことで相談に来られる方には、なるべく寄り添って応援してあげたいと思っている。

長女は退職すると聞いて大泣き

私には、2人の娘がいる。会社を辞めるとき長女が小学校6年、次女が小学校3年だった。子どもには、さすがに秘密にしていたが退社する数日前に正直に伝えた。「お父さんは、会社を辞めて農業をすることにしたよ」と。そのときの娘の反応は想定外に過敏だった。

次女はまだ事態を呑み込めていなかったが、長女は会社を辞めることについてはうすうす気づいていたようで、第一声は「やっぱりそうなんだ」で始まった。そして次の仕事は農業と聞いた瞬間に「それじゃあ、うちは貧乏になる……」と泣き崩れた。

小6の女の子はもう敏感な時期なのか、気づいていたことも驚いたが、農業は儲からない職業という認識もあり、過敏に反応した。サラリーマン時代は、ゴールデンウィーク、お盆、年末年始の長期連休には必ず北海道や沖縄、時には海外旅行に出かけていて、それなりに豊かな時間を過ごしていた。それができなくなると思い込んでショックだったのだろう。

このエピソードは、メディア取材時によく取り上げられ、長女はよくインタビューを受けて懐かしそうに当時のことを話していた。

サラリーマンを卒業、自由を手にする

退社が社内的に承認されて1年がすぎ、2006年3月31日の最終出社日を迎えた。どこの会社でもあると思うが、夕方から職場でセレモニーが行われた。仕事でお世話になった方々が、おおよそ100人近く集まってくれた。

本社の課長であれば、転勤、海外赴任、出向などで異動するためのセレモニーとなるのが通常だが、「まだ40代で脱サラ起業するために会社を辞める」「自然に向き合うのが大好きなので、これからは農業をやります」という課長は前代未聞だった。私自身も長い会社生活の中で一度も聞いたことのない異例中の異例なことだった。

花束をもらい一言、私はこんな挨拶をした。「私はみなさんよりも一足早く、この会社を卒業します」と。1986年4月1日に入社して、ちょうど勤続20周年の記念すべき日だったこともあり、〝卒業〟という言葉が相応しいような気がした。それは何物にも代えがたい「自由」を手にした瞬間だった。

会社から逃げる勇気

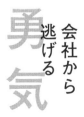

[第3章]

会社を辞められないあなたへ

「会社を辞めたいけど、そんなの無理」と思っているあなたへ

このように会社を辞めるという決断をするまでに3年ほどの時間がかかった。自分の身の振り方は、あくまで個人の判断に委ねるが、10年ほど前からブルーベリー観光農園の起業セミナーを開催していて、気づいたことがある。

それはセミナー参加者を見ていると、世の中には私と同じようにサラリーマンとして行き詰まり、未来に希望の光が見出せなくなってしまった人が実に多いことだ。特に前著『最強の農起業!』出版以来、このような悩めるサラリーマンの参加者が一気に増えた。中には、精神的にかなり追い込まれた状態の方、すでにうつ病を発症して休職中や休養中の方も散見され、私としても自分の経験を活かしてお役に立ちたいと思うようになった。

参加者は、ビジネスモデルに興味があるのはもちろんだが、私の脱サラ起業ストーリーに共感して参加してくれた人だ。だからなおさら何かサポートしてあげられないかと考えている。

ここでは、「会社を辞めたいけど、そんなの無理」と思っている方に向けて様々な視点からメッセージを送るのでぜひ読んでほしい。会社を辞めることを無理に勧めるつもりはない。辞め

た人がすべて上手くいっているわけではないし、会社に残ることも立派な決断だ。

ただわかってほしいのは、人生にはいろんな道があって選択可能だということ。起業、転職、家業継承、留学、資格や学位取得のための進学など実に様々な道が用意されている。「世界は本当にもっと広くて自由」だということをわかってほしい。私の場合は、大企業の管理職から逃げ出したことが人生最大のターニングポイントになった。あそこで方向転換しなければ今の私はいない。このような本を執筆することもなかった。

辞められない理由は何か

「辞めたいけど、どうせ無理」と考えている人がそう思ってしまう理由は以下のようなものだ。

・会社に迷惑をかけたくない
・同僚がみんながんばっているのに自分だけ抜けられない
・脱落者のレッテルを貼られたくない
・デキない奴と思われたくない

・親に心配かける
・転職・起業もどうせ不安

いずれの理由も「他人のため」「他人の評価」という視点だ。これらの理由が何度となく頭の中を堂々巡りして抜け出せなくなり、考えるのが面倒になり、「どうせ無理」という気持ちになってしまう。私もこのループに巻き込まれ、「辞めるなんて、どうせ考えたって無理に決まっている」と何度も自分に言い聞かせて無理やり自分を納得させていた。他人を優先して自分の心や体を後回しにしてしまうことが、長い間続くと人はどんどん追い込まれて、やがて危険な状態になる。

いくら何でも死ぬことまで考えたことはないという人も多いと思うが、長期間ストレス状態が続くと過労死や過労自殺は、他人事ではなく誰にでも起こり得ることだと考えてほしい。

自分自身のことを最優先に考える

このような状態の中で難しいことだが、自分の命と人生を最優先に考えてほしい。私もこのまま仕事を続けたら、うつ病や精神疾患になることは容易に想像できた。

さすがに自殺までは考えなかったが、深夜まで仕事をして疲れ切った帰り路、電車を待つときに「今、飛び込んだら楽になるのになぁ」と思うことが何度となくあった。

家族のことを考えれば不安は尽きなかったが、最後の最後は「自分自身を守るため」に会社を辞める決断ができた。もう逃げるほかなかったというのが正しい表現かもしれない。

視野が狭くなっていないか

これは私自身の経験だが、追い込まれているときは、視野が極端に狭くなっている。ほかの道を選べるにもかかわらず、暗闇の中で狭くて細い道しか見えない、もうこの道を歩いていくしかないと感じていた。

だが日本は民主主義国家だから1本の道しかないなんてことはあり得ない。自分の未来には、いくつもの道があって、選択して進んでいく、すなわち「未来は選べる」わけだ。長時間労働は、思考力を失い視野を暗く狭くする。そのため自分の歩んでいく道は、これしかないと思い込んでしまうという危険な状態だ。

過労で追いつめられて自殺した人の話は今でもよくニュースになる。以前は、「なぜ死ぬ前に会社を辞めないの？」「仕事よりも命の方が大事なのに」と率直にそう思いながらニュースを見ていたが、いざ自分がその状況に追い込まれると認識が一変した。過度のストレスを受け続けると、逃げるという選択肢が見えなくなるのだ。

退社することが決定した瞬間、一気に視界が開けた

私は、紆余曲折あって会社を辞めることになったが、会社側と退社することで正式に合意に達した瞬間に、今まで味わったことのない解放感を味わった。まるでマンガを見ているような光景が目の前に広がった。それは、次のようなものだ。

当時は自分の歩む道は、一本道で進めば進むほど道は狭くなっている。薄暗くて遠くを見たくても暗闇で見通すことができない。まさに「お先真っ暗」の状態で、未来に対してまったく希望の光は見えず、ただただ目の前の仕事を必死に片付けていくことしかない、自分が歩んでいく道はこれしかない、許されないのだ、という絶望的な状態に追い込まれていた。

それが、退社が正式に決まった瞬間、目の前の光景は激変した。目の前には薄暗い世界が広

がっていたが、そこに明かりがさして先が見通せるようになった。そして今歩んでいる道の先を見てみると、今まで行けば行くほど道は狭くなっていたが、実は道はどんどん広くなって、さらに何本にも枝分かれしていることがわかった。

今の仕事を続けていくしかないという薄暗い一本道から、未来は明るく希望に満ちている、しかも選択肢はいくらでもある、「未来は選べる」という世界に一気にそして劇的に変わった。この目の前の世界が一変したことは、いまだによく覚えているし思い出す。あれ以来、悪い出来事が起きたとしても、未来は明るいし選択できるという想いが私の中には常にある。

ここで伝えたいのは、あなたが思っている以上に「世界は本当に広くて自由」だということ。決

して「これしかない」と考えないでほしい。勇気を出した人に世界はやさしい。

仕事であなたの代わりはいくらでもいる

仕事で追い込まれていくタイプの人は、責任感が強い真面目なタイプの人だ。「この仕事は自分しかわからない」「担当者は1人だけだから」「自分が休んだら会社が回らない」と考えてしまう。

でもそんなことはない。会社というのは誰かが欠けても動くようになっている。あなたの代わりはいくらでもいる。万一、代わりがいなくてもそれは会社側の問題であって、あなたの責任でも何でもない。

家族にとっては、あなたはかけがえのない存在

「代わりがいくらでもいる」と言ったのは、あくまで仕事上の立場の話だ。仕事上の立場は、交換可能だが、替えがきかないものもある。あなたは「誰かの息子や娘」「誰かの父親や母親」「誰

かの夫や妻」「誰かの兄弟や姉妹」であることは、替えがきかない「かけがえのない」存在だ。そして当然、あなたの人生、夢、命は誰にも代わることはできず、失ったら二度と戻ってこない。

逃げることは決して恥ずかしいことではない

前述の通り、私の人生最大のターニングポイントは、会社を辞めたこと、「逃げた」ことだ。この「逃げる」というワードは、責任放棄のような後ろめたさを連想させ、アクションを踏みとどまらせる。

特に私のような「昭和」に生まれ育った者は、「努力」「忍耐」「他人に迷惑をかけない」などを美徳として今よりも厳しく育てられた。だからなおさら逃げることを選択できない。だが逃げるには、重要な目的がある。それは、何のために逃げるのかと考えればわかる。そう「自分自身を守るために」逃げるのだ。

2024年正月に起きた、能登半島地震や羽田空港での日本航空機と海上保安庁機の衝突事故を見れば、私が強調しなくても逃げることがいかに重要かわかる。もたもたせず、自分を守るために一刻も早く逃げることが人の生死を分けた。

人生には3つの勇気が必要

どこで誰が言った言葉なのか思い出せないが、人生には3つの勇気が必要だという言葉が強く印象に残っている。1つ目は挑戦する勇気、2つ目は耐える勇気、そして3つ目、これが一番重要な勇気、それは「逃げる勇気」だと。

あのとき逃げる勇気を出して会社を飛び出したことによって私の人生は一気に劇的に好転した。だからいたく共感した。「逃げる」というワードが後ろ向きで嫌なら「手放す勇気」「諦める勇気」と置き直しても構わない。

がんばることは必要ないのか

ここまで書くと、がんばらないことが素晴らしいように受け取られるかもしれないが、必ずしもそうではない。人生においてがんばることはとても大切なことだ。

がんばり続けてもいい人と過度にがんばり続けてはいけない人は明確に分けられると思って

いる。がんばり続けてもいい人は、自分自身でがんばることを選択した人だ。たとえば自分が大好きな世界に飛び込んで一人前になるためにがんばるとか、起業してなんとか事業を軌道に乗せるために必死でがんばるようなことだ。

これらの人が寝る間も惜しんで仕事に没頭することは、むしろとても大事なことだ。自ら選んでやっている人は、「やらされ感」がないから忙しくてもイキイキしている人が多い。「目標に向かってなぜ今、がんばっているのか」が自分で明確にわかっているから心配はいらない。よく「無理しないで」とか「体壊したらどうするの」とか、とりあえず気遣っているかのように声をかける人がいるが、自らがんばることを選択した人にとっては、余計なお世話だと感じる。人生には、無理しなければならない場面は何回かあるものだ。

一方、自分で選んでいないのに長時間労働を強いられている人は、「なぜ今、がんばっているのか」をよく考えてほしい。その理由が前述のように「会社に迷惑をかけたくない」「仕事がデキない奴と思われたくない」「家族を養わないといけない」など「他人のため」「他人の評価」のものであれば、がんばり続けるかどうかを今一度よく考えてほしい。

心のSOSに気づいたら、迷わず心療内科へ

次のような心の異変に気づいたら、それは心のSOSと捉えてほしい。

❶眠れない
❷食欲がない
❸仕事に行きたくない
❹好きなことや趣味が楽しめない
❺死について考えるようになった

❸については、誰でも多かれ少なかれあると思うが、会社に行こうとすると胃が痛いとか吐き気がするような場合は、かなり重度だと考えるべきだ。私の場合は、このほかにめまい、耳鳴り、動悸という症状が現れていた。このような場合は、迷わず心療内科に行ってほしい。

私も受診していたが、思いの外、気軽に訪ねられる医療機関だ。どこの心療内科がいいのか迷うかもしれないが、そんなことに時間を費やすよりも、一日も早く身近なメンタルクリニックを受診されることをおすすめする。通院することですべてが解決するとは思えないが、まず一

歩踏み出してみることが重要だ。

悩んでいるときがもっとも辛い、決めたら楽になる

私も真剣に悩んだ期間は、管理職になってから決断するまでの3年余りだが、あれが人生のどん底だった。気が休まる暇がなく、休日も仕事のことを考えているような状態で、本当に辛くて苦しい3年間だった。

それが不思議なもので、「会社を辞めて、好きなことを仕事にして生きていく」と覚悟した瞬間から、気持ちは楽になり希望の光が降り注いできた。まだ覚悟だけで何もアクションしていないにもかかわらず、自分が今後歩んでいく道は光り輝いていた。人は悩んでいるときが、もっとも辛くて苦しい、でも決めてしまえば意外に楽になるということだ。覚悟が決まるから、もう迷わなくなる、だから楽になるわけだ。

よく起業してからの苦労話や失敗談を聞かれるが、退社が決定した瞬間から常に未来は明るく開けている。あの悩み抜いた3年余りのどん底期は、辛さや苦しさを味わい尽くした。だから起業してからは多少の困難はあったが、お伝えできるような大きな失敗談はない。

悩むことは人間成長にとって必要なこと

悩むことは、人間成長のためにとても重要なことだ。野球WBC日本代表の栗山英樹監督が対談番組で、中国の昔のことわざから「窮すれば変ず」という話をしていた。人間は困ったら変わらなければいけないし、変われる。栗山監督も過去何度も困窮する中で、変われて成長してこられた。だから「ピンチはチャンス」なんだと。

読者の中には、現在相当苦しい立場にいる人もいるだろうし、そうでなくても過去にどん底を経験したことがある人がほとんどだろう。誰でも長い人生の中で一度や二度は、自分が望まなくても、いつの間にか奈落の底に落ちて苦しい立場に追い込まれてしまうようなことがある。そんなときは、ただ茫然と途方に暮れるのではなく、これはきっと変われるチャンスだと捉えてほしい。それで少しは気が楽になるはずだ。

誰しも人生を振り返るとき、あのときは成長したという時期の前には、必ずいろんな困難にぶちあたったはずだ。その困難を乗り越えたからこそ成長できた。現在ピンチを迎えている人は、その困難にただ耐えるのではなく、そこから抜け出すアクションをしてほしい。そうすれば必ず希望の光が見えてくるはずだ。

最後は自分で決める

自分の困難な状況を友人や家族に相談することはとてもいいこと。親身になってくれる人がいるなら、なおさら相談すべきだ。ただ最後は自分で決めるということを忘れないでほしい。

なぜなら相談相手に過度な期待をするのは禁物だからだ。会社を辞めて起業したいという相談をしたとしよう。相手がその経験者なら実体験を基にした価値あるアドバイスが返ってくるはずだから貴重な意見として受け止める必要がある。

だが経験もしたことがない人に相談しても、評論家としての意見しか聞くことができないなら、むしろ相談しない方がマシだ。よく聞くのは「もう少しがんばってみたら」「失敗したらどうするの」とか、そんなことなら誰でも言える。たくさんの人に相談して、いろんな意見を聞きすぎて逆に混乱してしまうことだってある。また親身になってくれる人でもその人に判断を委ねるべきではない。最後はどんなに苦しくて辛くても自分で決めることを忘れないでほしい。そうしないと後々後悔することになるからだ。自分を信じて自分で決める。

［第4章］

キャリア「ゼロ」の農業で5000万稼ぐ

晴れて会社を飛び出し農業の世界へ

退社して転身するのはまったくキャリア「ゼロ」の農業だ。普通なら不安になるところだが、なぜか清々しい気持ちで、「未来は広くて自由」という感覚が湧き上がってきて期待でいっぱいだった。

会社に在籍中は、最後の最後まで責任の重い職務を背負っていたので、事前にビジネスプランを練るような時間はなかった。農業については、本当に表面的な浅はかな見識しかなく、まずは基礎固めが必要だと考えた。

2006年5月から農業大学校の新規就農の社会人コースに進んだ。無料で受講できることと、自宅から近かったというのが選んだ動機だ。

この農業大学校はある意味で期待通りだった。そもそも行政の運営する学校で講師も公務員ということで、一生懸命教えてはくれるものの、限界がある。作物の栽培法は教えてくれるが、趣味で農業をするわけではないので、いかにお金に換えていくか、どのように売るか、ビジネスモデルはどうつくるかという肝心なことは、まったく講義の中になかった。

「期待通り」と書いたように、これについては多分そうなるのではないかと予想していたので、特別がっかりするわけではないが、やっぱりそうだったかという印象だ。何を栽培して、どう売っていくのかというビジネスモデルは自分でつくり上げると覚悟した。

めざすのは「生産性の高い」農業

会社を辞めた経緯からもわかるように、私の起業の目的は、「お金」ではなく、「自由」であり「自分らしく生きる」ことだ。しかしながら、たまたま好きでやりたかった仕事が農業だった。農業といえば、基本的に長時間労働が当たり前で、3K職場（キツイ、汚い、危険）の代表格で、ブラック産業と言える。労働者を守る法律として労働時間や休日を定めた「労働基準法」があるが、農業は適用外産業になっている。自然や作物が相手なので季節的な繁忙期と閑散期がハッキリしているため適用外になっているとのことだが、これでは生産性を高めることは難しいのではないか。

既存の農業の模倣ではなく、新しい形の農業を生み出すことが必要だった。しかも短い労働時間で最大の成果を出せるような効率的な農業にすることが、農業に取り組む至上命題だった。

バイブルとなった『農で起業する！』

退社するまで多忙を極め事前準備もままならなかったが、そんな中で読んだ1冊の本が今後進んでいく方向性に大きな影響を与えた。それは杉山経昌氏著『農で起業する！』（2005年・築地書館）だ。

杉山氏は外資系企業の部長職だったが、ストレスまみれの生活から脱却して、宮崎に移住し新規就農した。サラリーマンから逃げ出し、ゆとりを求めて脱サラ農起業したところが私とまったく同じで大いに共感したからこそ、この本は私にとってバイブルのような存在だった。

「観光農園」が最有力候補

この本の概要は、新規就農してしばらくは試行錯誤の連続で、営農計画を立てシミュレーションしながら慣行農業、有機農業など様々な農業に挑戦するも、長時間労働のうえに利益がほとんど上がらないという農業の厳しさを経験する。そして後にぶどう農家に辿り着き、1年目は農協経由で卸したら、想定価格をはるかに下回る価格でこれも失敗。これではダメだということで2年目から自分で売るという観光農園スタイルに変更。これが軌道に乗り、小さいながらも効率の良い農業経営が可能になり、週休4日も達成した。

杉山氏が求めていたのは「ゆとり」であり、私が求めていた「自由」「自分らしさ」とかなり類似しているというか、ほぼ同じと言っていい。だからこそ、共感してこの本がバイブルとなった。そして自然の流れで、観光農園という農業スタイルが最有力となった。

何を栽培するのか

観光農園で味覚狩りといえば、いちご、ぶどう、さくらんぼがメジャーだ。この中でさくらんぼは気候的に愛知県では難しい。またぶどうは同じ岡崎市内にぶどう狩り観光農園を昔から生業としている地区があり、わざわざ同じフルーツを後発で栽培するメリットを感じなかったので脱落。

そうなると、いちご狩りをメインに考えることになり、農業大学校でも少し学ばせてもらった。また効率の良い農業に向いているかという観点から、自分でも掘り下げて調べてみたが、次々と不都合な真実が見えてきた。

いちごは長時間労働で選択できない

最終的にブルーベリーを栽培することになるが、いちごとブルーベリーを様々な角度から自分なりに比較してみた。

いちご狩りは人気の味覚狩りなので、お客様を集めやすいというメリットを除いては、初期投資、ランニングコスト、労働時間、安全性（農薬）などどれを取ってもブルーベリーに軍配が上がる。特にいちごは収穫期間が長く、1年生作物で植え付けが毎年必要、病害虫に弱く農薬回数が異常に多くなり手間がかかるなど、私にとっては致命的な要因だった。

一方、ブルーベリーは収穫期間がいちごの半分以下、樹木なので一度植えてしまえば毎年の作業は不要、病害虫に強く農薬散布もせいぜい1、2回程度で済む。ただ問題は、収穫と出荷作業に相当な時間を割かねばならないことと、樹木であるがゆえに収穫できるまでに3年ほど時間を要することがデメリットだ。この問題点については、解決できたので後述する。

あと、いちごを選べなかった理由の1つが、ハウス栽培が前提になっていることだ。オフィスから飛び出して、自然に向き合って仕事がしたいから農業を選択した。だから閉ざされたハウス内という空間は自然を感じられない点で、私にとってはどうしても違和感があった。

底知れない魅力のブルーベリーしかない

ブルーベリーは3番手4番手候補に過ぎなかったが、調べ始めたら魅力満載のフルーツであることがわかった。その魅力はたくさんあり過ぎてここですべて語ることは省略するが、最近ではメンタリストDaiGo氏がYouTubeで「最強のフルーツはベリー類」と言っている。ベリー類とはラズベリー、ブラックベリー、ブルーベリーなどでストロベリーは含まれない。動画の中ではブルーベリーを代表例として語っている。

なぜ最強なのか、メンタリストDaiGo氏によれば、世界中の研究論文を集約すると「ブルーベリーは、DNAを修復する（がん予防になる）、頭の回転が良くなる上にアンチエイジングにもなる、心疾患のリスクも減らす」という研究結果があるとのことだ。

ブルーベリーの機能性については、ネット検索すればよくわかる。「健康、長生き、食品」などで調べれば、ブルーベリーが紹介される。アントシアニンが豊富に含まれており、活性酸素

ブルーベリー栽培vsいちご栽培

	ブルーベリー	いちご	主な理由
初期投資	○	△	いちごはハウス、高設栽培、潅水、育苗など多様な設備が必要。ブルーベリーはハウス不要な点で有利。
ランニングコスト	○	△	いちごは収穫期間長く人件費多い、その他、加温光熱費、毎年の育苗·定植作業などブルーベリーには不要なものが多数あり。ブルーベリーは収穫作業は膨大だが観光農園化で問題解決。
労働時間	○	×	いちごは収穫期が長く、デリケートな作物なので農薬などの手入れも膨大、また育苗定植も毎年発生。ブルーベリーは収穫期が短く、手間がかかる収穫作業も観光農園化でクリア、また樹なので毎年植え替えの必要なし、病害虫にも強く、手間がかからず、農閑期は長くゆったり過ごせる。
安全性(農薬など)	○	×	ブルーベリーの農薬は1〜2回／年、工夫次第で無農薬栽培も可能。いちごの農薬は50回前後といわれている。
栽培の難易度	○	○	ブルーベリーは養液栽培を採用すれば問題ない。いちごも栽培技術は確立されている。
収穫の手間	×→○	△	ブルーベリーの収穫時間は膨大だが、観光農園化で問題解決。
加工(6次産業化)	○	○	どちらも生食だけでなく、加工にも向いている。
効能	○	△	メンタリストDaiGo氏「最強のフルーツはブルーベリー」断言からも優位。
収益化までの時間	×	○	ブルーベリーは樹のため、栽培開始から1.5〜2年必要。いちごは1年目から収益化可能。
物価高騰の影響	○	△	ハウスで加温が必要なためエネルギー費大、その他資材価格高騰もいちごの方が影響が大きいと思われる。
観光農園の存在価値	○	△	正確な数字は把握できないがいちご狩り園の方が圧倒的に多いのではないか、その分ブルーベリー観光農園の方が存在価値があり。

から守り老化を防ぐという抗酸化作用の強さが最高ランクだからだ。

また頭の回転も良くなることもわかっている。もう10年以上前にＮＨＫで放映していた番組の中で「世界記憶力選手権」を取り上げていた。とにかく人間業とは思えないような記憶力のある人ばかりが集結していたが、そのチャンピオンが語っていたことを聞いて驚いた。「ここまで記憶力を良くする秘訣はなんですか」の質問に対してチャンピオンはこう答えた。「毎日ブルーベリーを食べることです」と、これには本当に驚いた。

その他、日本人にはサプリメントの影響か、「目に良い」ということが浸透しており、いずれにしろ機能性はフルーツの中では最強と言えるのではないか。

日本のブルーベリーは未開拓市場

魅力いっぱいのブルーベリーだが、決め手となったのは未知というか未開拓の市場だったことだ。ある説によれば、日本人はアメリカ人の1％ほどしかブルーベリーを食べていないと言われている。米国では日常的にブルーベリーを食べる。それはスーパーや果物屋に行ってみるとよくわかる。ブルーベリーの品揃えは日本と比べ物にならないくらい豊富だし、売り場面積も格段に広い。現状では、日本の消費量は米国に比べれば極々わずかでしかないが、食がどんどん西洋化している中で、ブルーベリーの需要は限りなく増えていくと予想できる。では国内でのブルーベリーの生産量はどうかといえば、年々少しずつ増えているとはいえ、国産化率はわずか20％程度しかない。今後ブルーベリーの需要が高まる中で国産ブルーベリーの存在はますます貴重になるはずだ。

日本には本格的なブルーベリー農家は存在しない

生産現場である全国のブルーベリー農家を訪ね歩いた。そこでわかったことは、どの農家も小規模で採算が取れているようには思えなかった。ブルーベリー専業で生計を立てている農家は皆無だった。ほとんどの農家は複数の果樹栽培をする中で、1つのアイテムとしてブルーベリーを栽培しているにすぎず、ブルーベリーを主力にしている農家さえも少数しか存在していなかった。要するに日本で本格的にブルーベリーを栽培している農家は存在しないということがわかった。

なぜブルーベリー農家は儲からないのか。調べていくと主に2つの理由であることがわかった。

1つは、高品質の美味しいブルーベリーを安定的に供給できていないこと。だから市場に出回らないし、お客様への認知も進まない、従ってブルーベリーの人気につながらない。もう1つは、普段の手入れはさほど手はかからないが、収穫・出荷作業に膨大な手間と時間がかかる。人手をかき集めるのも苦労するが、集めても、労務費の負担は相当なもので、利益はほとんど残らない。

このブルーベリー農家の現況を考えたら、通常ブルーベリーは選択肢から外れるはずだが、私の場合は違った。この2つの課題を解決できれば「自分が第一人者になれるかもしれない」という気持ちが湧いてきた。上手くいけばブルーオーシャン市場を築き上げ、先行者利益を享受できるのではないかと考えるようになった。

観光農園に底知れぬ魅力を感じる

手間という課題は、観光農園という営業形態を選択し、人海戦術による収穫・出荷という気が遠くなるような作業工程を「お客様に委託」することで完全に解消した。もう1つの高品質果実の安定供給は、養液栽培という技術を採用しシステム化することで劇的に改善・解決できた。

これについては後半の章で詳しく説明する。

農業経営のスタイルは、出荷型が主流で、通販・直売型は最近増加傾向、そして観光農園といえば、農業の本流からは程遠く、マイナーなひとつの農業スタイルに過ぎない。ただこの観光農園には将来的に底知れぬ魅力を感じた。次に観光農園の魅力を掘り下げてみる。

収穫作業をエンターテイメント化する観光農園

「収穫の喜び」と言うように、本来農家は収穫するために日々農作業をしているが、観光農園とは、その収穫の喜びをお客様に提供することだ。単純に収穫してもらうだけでなく、そこに楽しむための要素を追加することで、思い出に残るような体験に仕立てる。

具体的には、時間制限なしの食べ放題が基本システムで、時間を気にすることなくブルーベリーを思う存分堪能していただく。約60品種を育てていて、そのうち常に10〜20品種ほどを食べられるようにしているので、食べ比べを楽しむことができる。ほかのフルーツの味覚狩りは、通常1種類で、多くてもせいぜい2〜3種類に限られる、だからブルーベリー狩りはより楽しめる要素が多い。

そのほかにも、食べるだけでなく、気に入った品種の果実は自分で摘み取ってカゴに入れて量り売りしてお土産にもできるので、家族や友人へも体験のお裾分けができる。フレッシュフルーツを味わうだけでなく、ブルーベリーを使ったスムージー、パフェ、ピザなどのスイーツやデザートも提供している。また不定期ではあるが、ジャムやお菓子づくり体験、栽培教室などを開催して、とにかくお客様を飽きさせないよう何重にも楽しめる要素を盛り込み、ブルーベリー狩りをエンタメ化している。

観光農園なら小売価格で販売できる

農作物の卸価格は、通常小売価格の30％前後と言われている。要するにスーパーで1袋100円の価格で販売されている野菜の農家の手取りは30円前後ということだ。ただ観光農園は卸ではなく直売なので小売価格100円で販売ができる。さらに高品質でブランド化すれば、120円、130円、いやもっと高い150円や200円でも販売することは十分可能だ。

自ら収穫せずにお客様にお任せして、販売価格は小売価格で取引できる。収穫コストを削減できるうえに、販売価格は卸価格よりもはるかに高い価格にできるわけだから、集客さえ上手くいけば、出荷型の農家に比べて、それこそ7～8倍に粗利は増える。

作物を売るのではなく、体験を売っている

インバウンドを見てもわかるように世の中「体験」ブームだ。これからは「モノ消費」ではなく、「コト消費」だと言われるようになったのは、2000年代前半からでその勢いは年々増しているような気がする。

この農園がもし観光農園でなく、店先でブルーベリーを直売するだけだったら今の10分の1程度の売上でしかないのではないか。なぜそう思うかというと、とあるインバウンドが集まる市場に行

観光農園とは何か

1. **収穫作業がない農業**
→収穫を**エンタメ化、セルフ化**

2. 収穫しないのに、出荷価格の**3～4倍の価格**で売る。

3 .作物ではなく、**体験**を売る

ったときに実感した。果物屋さんで人気のある店と人気のない店があるが、それは何が違うか一目瞭然だった。不人気店は、ただ果物を並べているだけなのに対して、人気店はメロンなどのフルーツの皮をむいて串刺しにして食べ歩きができるように工夫されていた。体験できるか、できないかが明暗をハッキリ分ける。

ブルーベリー観光農園が将来有望である3つの理由

前述の観光農園の魅力は、起業前から予見していたことだが、実際に起業して15年以上成長しながら安定的な経営ができるようになりわかったことが3つある。

1つ目は、コロナ禍の影響がほとんどなかったこと。コロナ禍で農業も大きな影響を受けた。飲食店の営業自粛などから外食産業の需要が激減して農産物価格も下がってしまったからだ。観光農園でも規模の大きなところは、大打撃を受けて売上半減、あるいは半減以下というところが多かった。なぜ私のブルーベリー観光農園が打撃を受けなかったかというと、**❶屋外施設❷個人客専用❸インバウンド❹マイクロツーリズム（近場で楽しむ）**だと考えられる。

ブルーベリーは夏の作物なので、ハウス栽培には適さないから基本的に露地栽培で、休憩施設も半屋外施設が多く、風通しが抜群でコロナ感染のリスクが少ない。また当園は、将来的に団体ではなく個人の時代になると予想していたので、団体お断りの個人客専用の観光農園とした。そのおかげでコロナ禍の中、団体さんが来なくても何ら影響はなかった。今まで団体で動かれていた方が個人客として流れてきたりして、むしろ追い風に感じたくらいだ。インバウンドについては愛知県ではもともとインバウンドが少ない地域で、影響は軽微だった。海外旅行が封印された状態でマイクロツーリズムという流れがあったのも良かった。

需要が増えるが供給が減る産業にビジネスチャンス

2つ目は、需要と供給のバランスから未来は明るいということだ。以前から需要が増えるが供給が減る産業に大きなビジネスチャンスがあると考えていた。需要が増える産業は当然のことながら将来有望なことは疑う余地がない。だが新規参入も増えるので必ずしも競争は楽ではない。一方供給が減る産業は、競争相手がどんどん脱落していく中で、生き残りさえすれば一定の仕事量を確保できる。そう考えると需要が増えるのは観光であり、まだまだ伸びしろがある。供給が減るのは、高齢化で後継者不足が深刻な農業だ。インバウンドをはじめとした観光客が増え、農家が減少していくのは誰の目から見ても間違いない。

そう考えるとその両方を兼ね備えた観光農園はピッタリと該当する。「コト消費」「インバウンド」の増加から観光はますます需要が増えるが、その需要に応えるべく農業の担い手は減少する一方だということは、これ以上ないビジネスチャンスの条件が観光農園には揃っている。

ジム・ロジャーズの「日本で今後伸びる産業」

3つ目は、世界3大投資家とも言われるジム・ロジャーズが、著書の中で「日本で今後伸びる3つの産業」を挙げている。その3つとは、観光、農業、教育。

彼が言っていることをそのまま引用すると、観光は誰でもわかるが、なぜ農業なのか。そもそも農業は日本に限らず明るい未来が開けているにもかかわらず、日本では農家の高齢化や担い手不足が深刻だ。競争のない業界だから担い手さえ確保できれば、日本の農業には明るい未来が待っている。農業で大儲けしたければ、自分が農家になるべきだ。思い切って農場ごと買えばいい。とこんな調子で語っている。さすが投資家だからチマチマ農業を始めるのではなく、農場ごとM&Aすればいいという大胆な意見だ。このように今後有望な産業3つのうち2つが観光と農業という形で含まれている観光農園の将来が暗いはずがないと言える。

観光農園のデメリットは何か

メリットばかり抜き出して語るのはフェアではないので、観光農園のデメリットについても考察する。それは大きく2つある。

1つ目は、集客のリスク。ブルーベリー観光農園のビジネスモデルは、基本的に薄利多売のモデルではない。期待通りお客様を集客できれば十分な利益を享受できる効率的な利益構造のモデルだ。だからこそ、逆に言えば集客できないと利益は出ない。出荷型の農業は、利益は薄いが集客の必要はなく、良品であれば全量引き取ってもらえて売上になるので集客のリスクはない。集客が思うようにできなければ出荷していた方がまだマシかもしれない。

セミナーの中で受講生に何度も伝えているのは、お金と土地さえあればブルーベリー観光農園を誰でもつくり上げることはできる。ただつくっただけではお客様は来ないので、とにかく余った時間は集客活動に使わないとダメ、ということ。栽培に集中しすぎて、集客が疎かになると事業計画書通りの利益は期待できない。

2つ目は、観光農園にする場合、栽培関係だけでなくお客様をお迎えする付帯設備に費用がかかる。具体的には、休憩施設、トイレ、調理室、駐車場などの造成や建物などで、キレイに整えれば整えるほどコストがかかる。それだけではなく、規制の厳しい農地であれば、建物を建てることができないので、キッチンカーやトレーラーハウスが必要になってくる。いずれにしろ出荷型と比べると初期投資が多くなることは間違いない。

ただ、この2つのデメリットがあっても観光農園の方が事業として魅力的だから、私は観光農園をおすすめしている。

2年間の準備期間を経てブルーベリー観光農園を開業

ブルーベリー、そして観光農園に魅了され、サラリーマンを辞めて2年余りの準備期間の後、「ブルーベリーファームおかざき」はグランドオープンした。

農園の概要は、敷地面積約7500㎡、うち5000㎡の畑に40種類、1300本のブルーベリーを栽培。岡崎市東部の山のふもと、里山のようなところで、近くにはマンションなどの建物も見当たらない。近くに大きな観光地はないが、アクセスは良好で名古屋都心部からでも高速を使えば所要時間40〜45分で行くことができるし、農園の周辺には15分以内でアクセスできる高速道路のインターチェンジが3つも存在する。手軽に行けて、自然に触れ合える日帰りおでかけスポットだ。今では夏だけで1万人が訪れる愛知県有数の「夏の観光スポット」となっている。

開園期間は6月上旬から8月下旬までの2か月半、約10週間のみ。ブルーベリー狩り料金は大人2000円、小学生1500円、幼児（4歳から）1000円、基本的に時間無制限の食べ放題となっている。畑と休憩施設間の出入りは自由なので、ゆっくりゆったり心ゆくまでブルーベリーを堪能していただける。お持ち帰りはお好きな品種のブルーベリーを自分で摘みとって、500円／100gで量り売りしている。また休憩施設は農園カフェになっていて、カフェだけの利用も可能。自家栽培ブルーベリーを使ったスイーツを召し上がるお客様も多い。

なお、現在は品種数40種類1300本→60種類1500本、ブルーベリー狩り料金大人2000→2900円（200円クーポン付）に変更している。

初年度からロケットスタート

2008年7月19日の海の日の3連休初日をオープン日に設定した。この3連休は連日開園1時間前からお客様が詰めかけ、開園時間には長い行列ができるほど少々過熱気味なスタートだった。当初30日ほど営業する予定だったが、わずか3週間ほどでブルーベリーは食べ尽くされ、お盆前に初年度の営業を終了した。

オープン1か月前にメディア向けに内覧会を開催し、メディア各社から一斉に「脱サラ・ブルーベリー園主」として物語で取り上げられ、当園の人気に火がついた。メディア掲載後、1週間は電話が鳴りやまず、「応援している」「よく思い切ったね」「オープンしたら必ず行く」など激励のメッセージをたくさん頂戴した。このおかげで初年度からロケットスタートを切ることができた。

順調に売上を伸ばし２０１６年に「ひと夏１万人達成」

オープン初年度はブルーベリーがまだ成長途上の幼木だったので収穫量が限られていた。だから売上はせいぜい３５０万円ほどに過ぎないが、ブルーベリーの生育が進むに伴って、売上も２年目２倍、３年目４倍と順調に伸びた。

台風などの悪天候もあり、その後しばらく売上は横ばいで停滞期もあったが、開園して9年目の２０１６年に当初の事業計画で目標としていた「営業日60日で1万人のお客様」をついに達成した。売上は２５００万円を超えた。

目標を達成したことで、書籍の出版が内定し、

シーズンオフはひたすらペンを走らせ翌年春頃には書き終えて、2017年6月に『最強の農起業!』をかんき出版から刊行した。「営業日は年間60日で年収2000万円」という帯が刺さったのか話題を呼び、発売前から重版が決まり、発売1週間で3刷まであっという間に決まった。思わぬ大ヒット作となり、2024年時点で10刷を数え、農業ビジネス書分野ではロングセラーという位置づけになっている。

2本目の柱・セミナー事業が本格的に稼働

書籍が想定外に売れたことにより、セミナー事業が本格的に動き始めた。2012年からセミナーは開催していたが、集まる人数も限られており、お小遣い稼ぎ程度の売上に過ぎなかった。しかし、出版してから状況は一変した。

2017年秋に開催したセミナーには、参加者が殺到した。70人規模の会場で3回ほど開催したが、すべて早々に満員御礼となった。この頃からメディア取材が一気に増えた。以前はブルーベリー狩りシーズンインのお知らせをする情報番組での取材が大半だったが、出版以降は私自身にスポットライトがあたり、物語仕立てのドキュメンタリー番組にするための取材が主流になった。

本の売上も衰えることなくロングセラーになり、テレビ、新聞、雑誌等の取材が増えてメディアへの露出も相当な数になった。これに伴いセミナーも益々快調で安定した集客ができるようになり、すべてがいい方向に流れるようになったのだ。

セミナーのオンライン化で参加者がさらに増える

2020年からコロナの影響を避けるため、会場開催のセミナーをすべてオンライン化した。セミナーを録画配信する形のシステム会社と契約して、入門編、農園開設編、集客編、営業編という4コースにセミナーを体系化して公表した。このセミナーのオンライン化が参加者をさらに増やすことになった。

なぜオンライン化で参加者が増えたのか。会場開催の場合は、日時が決められて会場まで足を運んで、たった一度だけしか話を聞いて学ぶことができない。一方、オンラインの場合、スマホさえあれば、「いつでもどこでも何度でも」講義を受けられる。通勤時間、入浴中、ベッドの中、休憩時間などちょっとしたスキマ時間を活用して受講できる。それも一度だけでなく、何度でも繰り返し聴くことができて理解が深まる。その利便性の高さがさらに参加者を増やしたと考えられる。

全国に100軒のブルーベリー観光農園が誕生

セミナーの利便性が高まったことによって、女性の受講生が一気に増えて、その数は倍増した。会場開催の場合は、遠方まで1泊2日で家を空けることもあるので、既婚者や子どもさんのいる女性にとってはそんなに気軽にセミナーに参加できないからだ。セミナーをオンライン化して以降、女性起業家が増えた。これはとても喜ばしいことだ。

セミナー受講生が立ち上げたブルーベリー観光農園は100軒を超えている。特にフランチャイズでもなく、開園後のコミッションなどは要求しないので、正確に把握できていないが少なくとも100軒はできており、年々増えている。

本当に嬉しいのは、「本とセミナーに出会って、人生が変わりました」という方が続出していること。「自分らしく」生きるお手伝いができたことを心から嬉しく思う。それと同時にブルーベリーという美味しくて健康に良いスーパーフルーツが全国に広がり、消費者の身近なモノになっていくこともたいへんな喜びだ。

コロナ禍の2022年に売上は5000万円に到達

前述の通りコロナ禍でも観光農園の売上は落ち込むことはなく、現状維持か微増で推移し影響を最小限にとどめた。そして事業の大きな柱となったセミナー事業もコロナ禍の中、オンライン化によってさらに売上を増やすことに成功した。

コロナ禍3年目の2022年に世の中はコロナ不況からようやく抜け出そうとしている頃、この事業は売上5000万円到達、過去最高の売上と利益を出すことができた。

当時は、コロナ禍で苦しんでいる人が多く、「売上、利益とも過去最高を出した」なんてとても言えるような空気感ではなかったし、メディアからは「それだけは言わないでください」と口止めされたほどだ。今、振り返るとコロナ禍の3年間、この事業はコロナという逆風を追い風に変えて、力強く駆け抜けていった。

会社から逃げる勇気

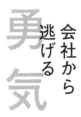

［第5章］

サラリーマンと起業を徹底比較

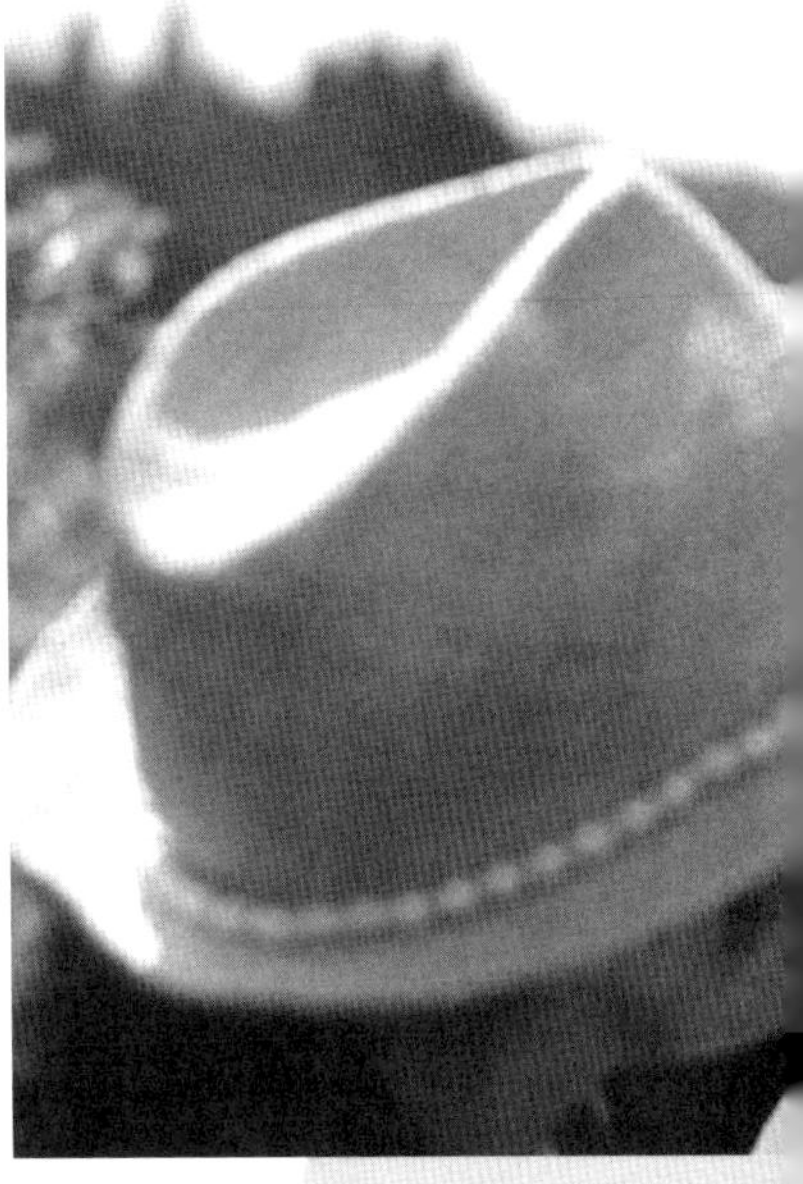

サラリーマンと起業、どっちがお得か

サラリーマンを続けるか起業するかを迷っている人は実に多いのではないか。ここではサラリーマンvs独立起業を比べた場合、果たしてどんなメリット・デメリットがあるかを整理し、実体験も交えて伝える。サラリーマンと起業後の主なメリット・デメリットを次に列記する。

サラリーマンのメリット・デメリット

〈メリット〉

・毎月安定した収入がある
・福利厚生がある
・退職金がある
・研修や教育でスキルアップできる

〈デメリット〉

・自分の成果が収入にダイレクトに結びつかない

・収入は会社の業績に左右される
・自分のやりたいことができるわけではない
・定年がある
・基本的に個人ではなく組織優先

起業家のメリット・デメリット

〈メリット〉
・自分のやりたいことをやりたいようにできる
・時間の使い方が自由
・自分がかかわる人を選べる
・収入に制限はない。成果に直結
・経費で落とせるものが多い
・定年がない

〈デメリット〉
・安定した収入は保証されていない。収入は成果次第

・経理など必要な業務をすべて自前か外注で対応する必要がある

サラリーマンの最大のメリットは安定収入

なんといっても毎月の安定した収入が見込めることが、サラリーマンの最大のメリットだ。私が起業した当時、ブルーベリー観光農園の収入は夏の3か月に集中した。だから夏の終わりにはガッツリ稼いで懐は温かい。だがそこから収入は途絶え支出ばかりだから9月から翌年6月まで預金残高は減る一方だ。これは精神的に相当辛い。特に開園直前の5月に預金残高はミニマムになるので心細くなる。当時、サラリーマンは辛いかもしれないが安定した収入が見込めることを羨むような気持ちも正直あった。

サラリーマンのデメリットは様々あるが、簡単に言えば個人ではなく組織が優先されるということ。だから自分が望むような仕事や収入になるわけではない。常に自分の希望と現実のギャップに折り合いをつけていく必要があるわけだ。

起業家はすべてが自分次第

良くも悪くも起業家はすべて自分次第。サラリーマンであれば、仕事で大きな失敗をしたような場合、その人の評価は下がり、行く行く出世には影響するかもしれないが、給料が支払われないようなことはあり得ず、確実に収入は手にできる。だが起業して同じような失敗をした場合は、その失敗した分の損害は確実に自分が被る。場合によっては赤字になり事業をたたむことだってある。すべて自己責任だ。

農家を例にとっていえば、卸主体で数軒の農家が生産部会をつくり共同出荷する場合、市場価格で売上が決まり、生産者に平等に分配される。安定はするが、自分ががんばった成果は収入に直結しない。だからサラリーマンに近いと言える。

一方、観光農園をはじめとした直売をしている農家は、すべては自分次第だ。たくさん売れれば収入に直結するが、売れなければ損失も自分ですべて被ることになる。これこそ起業家そのものだ。

起業後の不安とどう向き合うか

起業の場合、不安定さはどうしても避けられないので、不安に襲われることは日常的にあるはずだ。私は、サラリーマンという重たい荷物を下ろして、自分の好きな世界に飛び込んだので、基本的には毎日ワクワクするような日々だったが、それでも時折、何ともいえない不安に襲われた。

こんな夢をよく見た、いや今でも見ることがある。それはある朝、農園に来てみたら、ブルーベリーがすべて枯れていた、あるいは泥棒にすべて盗まれた、はたまた土日の稼ぎ時にもかかわらず農園にはお客様がゼロで閑古鳥が鳴いている、そんな夢を何度となく見た。

これは不安に思っているから夢に出てくる。不安は決してなくならない。解消することはできない。だからこそ持病や適度のストレスと同じように〝上手く付き合う〟ことが大切だ。

不安と向き合う3つの対処法

私が不安とどう向き合ってきたかと言われたら、次の3つを実践して乗り越えてきた。1つ目は、不安なことを紙に書き出して、最後にクシャクシャに丸めてゴミ箱に捨てる。

失恋したときのことを思い出してほしい。「なぜ上手くいかなかったのか」「何が原因だったのか」「どうすればまたやり直せるか」など頭の中で考えているだけだと、同じことが堂々巡りして、同じことをずっと考え続けてそこから抜け出せなくなってしまう。だから紙に書き出してゴミ箱に捨てるとある程度スッキリする。これは誰かに教えてもらったことだが、意外に効果があるので「そんなことで」とバカにしないでやってみるといい。

2つ目は、ひとりで抱え込まずに人に話して不安を共有すること。相手は身近なパートナーなどがおすすめだが、信頼できる友達や起業した仲間でもいい。これも気が楽になること間違いない。ただ相手を選ぶことが重要で誰でもいいわけではない。信頼できる人か、同じ経験をした人に限った方がいい。相手を間違えると不安を煽られ、かえって不安が増幅してしまうからだ。

3つ目は、次章「失敗しない起業のための11か条」で詳しく述べるが、最悪の事態を想定して事業が上手くいかなかったとき、どうなったら諦めて撤退するか、その条件をあらかじめ決めておくことだ。あまり考えたくないことだが、大けがをしないためにも決めておきたい。

老後の不安はどう考えるべきか

人生100年時代で老後は思いの外長い。起業後に個人事業主としてやっていくなら、国民年金だけとなるので、年金支給はサラリーマンに比べればかなり少なくなる。だからNISAやiDeCo（個人型確定拠出年金）など制度を積極的に活用したい。法人を設立するなら、厚生年金に加入するので、サラリーマン時代と支給額は大きな差はないかもしれないが、これまで会社が50%負担していたものが、ひとり起業や小規模起業だと結局のところ100%自分で負担するような形になるので、負担が結構キツイかもしれない。

こう考えるとやっぱり起業した方が、老後の生活はキツイとなってしまうが、そういうわけでもない。なぜなら年金支給年齢が引き延ばされる可能性が大きいからだ。

65歳までに起業せざるを得なくなる

現在の年金制度は65歳から受け取れる。これが近い将来70歳に後ろ倒しされることは確実と言われている。少子高齢化と人口減少が進む中で、決定はしていないものの避けられないだろう。そうなった場合、雇い止めになる65歳から70歳までの空白の期間を自分で穴埋めしなければならない時代がすぐそこまで迫っている。

2021年に施行された「改正高年齢者雇用安定法」の要点を整理すると下記の通りだ。

65歳以降70歳までについては、「創業支援」等の「就業」確保のため、次のいずれかの「努力をする」こと

1　自社グループもしくは「他社」で雇用されるように努力する
2　自社の外注先として独立できるよう支援する
3　自社が関わる社会貢献事業に従事させる

――【老後不安】65歳までに起業せざるをえないこれだけの理由（ダイヤモンド・オンライン

より引用）
要するに企業に対して「創業支援」や「起業促進」をせよと努力義務を課している。ＮＩＳＡもｉＤｅＣｏもそうだが、政府は年金だけでは老後の面倒は見切れないから足りない分は自己責任でやってください、ということで起業を促進しているのだ。
だから私の個人的な見解だが、どうせ65歳までに起業するなら、気力・体力・経験が充実している40代50代で起業した方が得策と考えるがいかがだろうか。

不安定な収入だからこそ、サポート体制も充実している

このような事情もあるからなのか、不安定な起業家をサポートする体制も充実している。全国各地に起業を支援する体制（商工会議所や行政機関）が整備されているし、補助金もかなり充実している。

またあまり語られないが、独立すると税制面でもかなり有利になる。サラリーマンに比べて経費扱いできるものがかなり増える。たとえば車を購入する場合、サラリーマンであれば、給与から源泉徴収で税金や社会保険料を差し引かれた後の可処分所得から車代金を支払わなけれ

ばならない。一方起業後は、車の使用の大半が仕事関連であれば、経費扱いできる。車の代金を支払った後の利益から税金を支払えばいい。車だけでなく、飲食や物品購入も仕事と関連があればすべて経費扱いできる。だからこの差はかなり大きく、起業に有利になる。

今後、どんな人生を送りたいか、あなたの価値観次第

結局のところ、残された人生をどう生きていきたいかによって、サラリーマンを続けるか、思い切って独立起業するのかが決まる。自由は制限されても「安定」に重点を置くのであれば、身の危険を感じない限り、サラリーマンを続けるべきだ。

一方、リスクを背負ってでも今後の人生を自分らしく自由に生きていきたいのであれば、思い切って独立起業すべきだ。人生１００年時代で60歳や65歳で定年を迎えて社会とのかかわりをなくすよりも、定年のない仕事を起業して生涯現役を貫く方が長い目で見た場合、充実した人生を送れるなど、私自身が後者を選択して、上手くいったからどうしても起業をおすすめしたくなるが、こればかりは辛くて苦しいかもしれないが、後悔しないように自分で決めるしかない。

［第６章］

失敗しない起業のための11か条

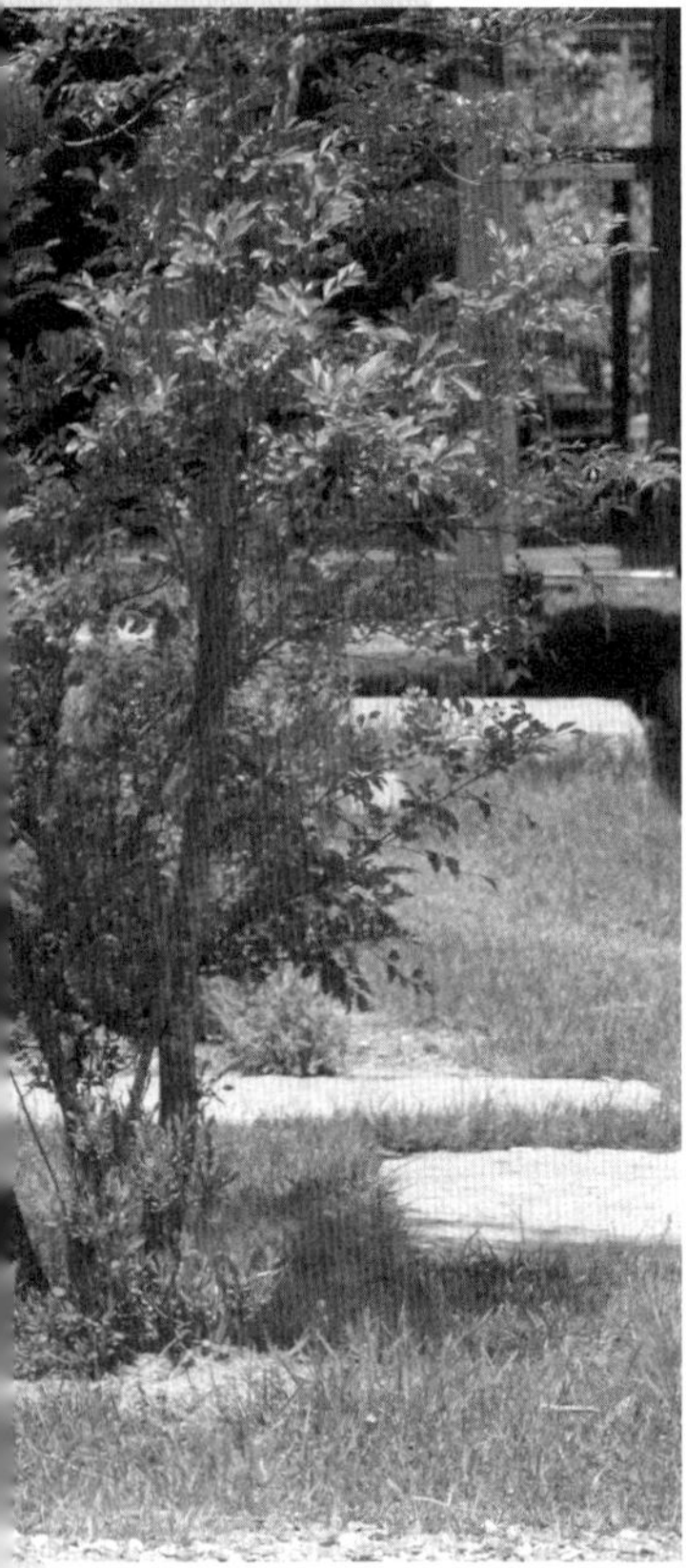

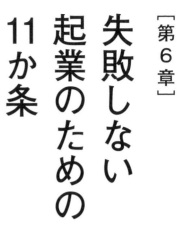

since 2008
Blueberry
Farm
おかざき

創業から15年以上事業成長を続けられた理由は

サラリーマンと起業家のメリット・デメリットを確認したうえで、次は失敗しない起業のために必要なことを考えていく。斜陽産業の農業の世界でまったくの素人の私が、ブルーベリー観光農園という誰もやったことがないような新しい領域に踏み込み、自然災害などで多少の波があったにせよ創業から15年以上事業成長を続けられた理由は何か。

なぜ長きにわたり持続的成長ができたのか、この質問に対しては次のように答える。それは大きくは2つあると考えている。1つは、サラリーマン時代に経験して培ってきたものが、まったく異業種の農業で活かされたことだ。もう1つは、稼ぐことではなく、純粋に「好きなこと」「やりたいこと」で仕事を選んだことだ。この2つについては、後半の章で詳しく述べる。

ただこの2つだけですべてが上手くいくわけではない。タイミングや環境に恵まれたなど強運に支えられた面も多々あるが、それでも日々の考え方や行動の大半が適切で正しかったからこそ、事業成長を持続できた。脱サラ起業することを決断してから、現在まで18年間に及ぶ道のりを振り返ってみた。それで気づいたことは、事業への取り組み方や考え方次第で、失敗の可能性が最小限になる「失敗しない起業」は十分可能であると考えるに至った。その事業への取り組み方や考え方を「失敗しない起業のための11か条」として自分なりに整理して書いてみた。起業をお考えの読者のみなさんにお役に立てるような「起業家・事業家としてのあり方」と捉えて読んでいただければ幸いだ。

【第1条】新しい技術・仕組み・サービスを導入

斜陽産業でも新しい技術・仕組み・サービスの導入でチャンスはいくらでもある

事業家であれば、常に市場や環境の変化に敏感であらねばならない。競争優位性の確保、業務プロセスの改善、顧客満足度の向上、コスト削減を達成するために、新しい技術・仕組み・サービスの導入は必須だ。理念や目標など変えないことに価値があるものもあるが、理念を達成するための手段、やり方は常に見直し更新していく、つまり環境の変化に合わせてアップデートしなければならない。

前述の通り農業を選択したのは、好きなことでやりたいことだったからだ。この産業なら成長産業でビジネスチャンスがいっぱいで大儲けができるかもしれない、みたいな野心があったわけではなく、単純に好きなことを仕事にしたかった以外の何物でもない。そうでなければ、平均年齢が68歳で就業者数も激減している農業に足を踏み入れなかったはずだ。

しかしながら、農業はチャンスの宝庫だった。これは農業に限らず、斜陽産業に言えることではないだろうか。誤解のないように言っておくが、「あえて斜陽産業を選びなさい」と言っているわけではない。自分の好きなこと、やりたいことが、もし斜陽産業だったとしても諦める必要はない、ということだ。

斜陽産業は旧態依然たる構造ややり方を踏襲している場合が多い。だからこそ新しい発想で、新しい技術・仕組み・サービスを取り入れることさえすれば、チャンスはいくらでもあるということだ。

特に農業にはビジネスチャンスがゴロゴロ

自民党の小泉進次郎氏が農林部会長だった当時、農業について興味深い発言をしているので紹介する。「僕がまず言っておきたいことは、農業ほど伸びしろのある産業はないということ。(中略)農業では当たり前のことができていないから、やればどんどん生産性が上がるはず。農業の成長産業化、儲かる農業への転換は必ずできます」(2016年2月6日週刊ダイヤモンド)

この発言こそ、この国の農業の現況を端的に表しているし、ここに大きなヒントがある。これは2016年当時の発言で、当時より一部の大規模農家はスマート化しているが、大多数の農家は以前と何も変わらない。つまり「他業種で当たり前のことが、農業では、何ひとつできていない」ということ、そして逆も真なりで「当たり前のことをやりさえすれば、容易く儲かる」ということだ。

私もまったくの異業種である農業の世界に足を踏み入れたとき、とても驚いたことがたくさんあった。長年、農業に従事している人には気づけなくなっていることが、自動車業界に20年いた私には、いとも簡単に気づくことができた。そういう意味では異業種起業の方が自分のキャリアを活かせることが多いはずだ。

農業に新しい風を吹き込んだ

農業の問題点のひとつは、消費者と直接つながっていないことだと考えていた。お客様とつながるやり方としては、通販や直売所を利用することが主流だが、私の場合は、お客様をもっと身近に感じたかった。

目の前でリアルにお客様とつながれるやり方として「観光農園」、それもマイナーなフルーツであるブルーベリーの観光農園という新しいサービスを導入した。単に味覚狩りをしてもらうだけでなく、農園カフェ、土産物、栽培教室、体験教室、お花見会、農園見学会など従来の農業にはない様々な新しい技術・仕組み・サービスを導入した。そもそも新規就農でいきなり観光農園を始めること自体が画期的だった。

参入障壁は、「手厚い保護」と考えるべき

農業には参入障壁がある。非農家の人が認定農業者として承認され、農地を取得するのは簡単ではない。認定農業者になるためには研修、事業計画書の作成、行政や農業委員会との折衝など手間暇をかける必要がある。

ただ逆に考えれば、一旦参入してしまえば、その障壁は防波堤になる。資本規制もあるので、大企業がやりたい放題できるわけではない。だからまともに競争しなくて済む。農業大学校はじめ、多くの学びが無料で受けられ、融資も条件次第で無利息で返済猶予期間もある、さらに補助金も豊富に用意されている。参入障壁があることは、参入を困難にするが、障壁を乗り越えてしまえば、保護され楽をさせてもらえると考えるべきだ。だから情熱とヤル気でなんとか乗り越えてほしい。

【第2条】すぐやる、スピード感を持つ

大企業にはないスピード感を持つ

ひとり起業やこぢんまりと始める場合は、小回りが利くわけだからとにかく迅速なアクションをすべきだ。人によっては、自分で決めるよりも、他人から指図される方が楽でいいという人も多いと聞くが、私は自分で決めたいタイプの人だ。サラリーマン時代は決定するまでに関連部署の利害関係を調整しながら合意形成を得る必要がある。人間関係構築、根回し、会議、承認・決裁と様々なステップを通過するために膨大な時間とエネルギーを費やす必要があった。

これが、ひとり起業してほとんどの仕事を自前でやると誰にも指図されることなく、自分が仕事のすべてを把握しているから、やるべきことは何の遠慮もなくすぐ決断できる。いつも迷うことなく決断できるほど優秀ではないが、すぐやるべきこと、1年後で良いこと、5年後で良いことなどを区別して、すぐやらなければならないことは即断即決してすぐにアクションにつなげられる。

私が起業してから知り合いになった成功者の言動をみると、「すぐやる」が徹底されていて驚

くばかりだ。成功者にのんびり屋さんはなかなか見当たらないが、逆に共通しているのは、その「スピード感」だ。

わかりやすい例を出すと、成功者にLINEを送ると瞬時に返信が来る。本当に2〜3分で返ってくる、既読スルーなんてあり得ない。みんな多忙のはずだが、後回しにせず、目の前のことに優先してアクションしているからだろう。

コロナ禍の素早いアクションは業績アップにつながった

私の事業は、観光農園と起業セミナーの2つの柱で成り立っている。2020年から始まったコロナ禍はセミナー事業に大きな影響を与えることが想定された。まず予定されていた講演がすべて中止になった。講演がなくなるだけなら影響は小さいが、会場に人を集めて自主開催するセミナーも中止せざるを得ない状況だった。世の中で密室に大勢の人を集めるようなイベントは一切中止が当たり前という風潮の中で、自主開催セミナーも同様に開催は不可能だった。

このまま何もしなければ、セミナー事業は売上ゼロに追い込まれる。さて、どうするか。そんな中、オンライン講演の依頼が舞い込んだ。そのとき思った。「セミナーをオンライン化すれば何とかなる」と。そこですぐさまオンラインセミナーの仕組みを学び、最適と思われる仕組みを採用してオンライン化することに決めた。こういうときは、ひとり起業は実に対応が早い。直観的に「コレだ」と感じた瞬間に80%くらいは「やる」と即断している。即断即決即実行、すなわち決めるだけではなく、すぐにアクションまで同時並行に行えるのだ。

これが大企業だったら、まったく状況は異なる。まずはオンライン化することに対して関係者の合意を得るために会議を開催して、意見調整しなければならない。反対意見や課題に対する答えを用意することも必要だし、最終的な承認を得るためにオンライン化のメリットを定性的でなく定量的に算出して、会社に対してどれだけ売上・利益で貢献できるかを明確に提示しなければ、決裁は通らない。

このようなことから、即断即決即実行まで瞬時に行えるからこそ、逆風のはずのコロナ禍3年間に業績はむしろ伸びて、過去最高の売上と利益を上げることができた。

【第3条】当たり前のことを誰もやらないくらいやる

成功するために、特別なことをする必要はない

世の中で成功している人を見ると、何か特別なことをしている、誰も真似できないようなことをしている、とっておきの裏ワザがある、などと思いがちだがそんなことはない。「すぐやる」「継続してやる」「PDCAを回す」など誰でもできることを当たり前にやっているだけだ。ただ、成功している人が違うのは、その当たり前にやるレベルが尋常ではなく、誰もやらないくらい徹底してやっていることだ。だからこそ、そんなにやっているから普通の人ではなく、いつか特別な人になる。

「日本一詳しい品種解説」サイトは超人気サイトへ

農園のホームページの中に「日本一詳しい品種解説」というページがある。私はブルーベリーの様子を日々観察するのが好きで、品種毎の特性をメモして整理している。観察するだけでなく、言語化して写真や動画と組み合わせて「日本一詳しい品種解説」というサイトをつくり上げ無料で誰でも閲覧できるようにしている。

ここまでつくり込んだサイトはほかにはなく、ブルーベリー愛好家にとってはたいへんな人気で、シーズンオフでも本当に大勢の方に閲覧されている。一体どのくらい閲覧されているか調べてみたら、なんと1日当たり1360ページビューだった。毎年新しい品種を追加し、新たに気づいたことも追記しているので、このサイトの人気は衰えるどころか、どんどん人気が高まっている。

ブルーベリー農家であれば、日々手入れを怠らなければ、品種の特性はある程度は把握しているはずだが、その情報を整理して人に見てもらえるようなサイトをつくった人はほとんどいない。そんな中で、情報を整理して言語化・体系化して、さらに写真や動画と組み合わせておことがあり、興味関心が湧くと取りつかれたように熱中する。いわゆる「マニアック」なまでに品種毎のブルーベリーの特性を観察して調べてまとめ上げた。その結果、超人気サイトになっている。これが「当たり前のことを誰もやらないくらいやる」あるいは「誰でもできることを誰もやらないくらいやる」のひとつの事例だ。

【第4条】小さくていいから一番になる

2位ではなく、1位を狙う

2009年民主党政権時の蓮舫議員の名言「2位じゃダメなんでしょうか?」は有名だが、残念ながら2位なら意味がない、というか2位も最下位もそれほど変わらないのではないだろうか。日本で2番目に高い山は、2番目に広い湖は、スポーツの世界で銀メダリストは誰か、ビジネスの世界でも業界2位の企業はどこか、などその方面に詳しい人を除いては2位では答えられない。

Googleのキーワード検索にしても、検索第1位と2位のクリック率は2倍違うし、1位と10位では20倍違うと言われている。このように1位と2位では歴然とした差がある、それは、1位と言えるか言えないかの違いが大きいからだ。事業をやっている以上1位を狙いたい。トップであることを告知できることで多くのお客様の信頼を得て誘客できることは間違いない。

ゾーンを狭めて1番になる

1番なんて無理と思うかもしれないが、日本で1番とか世界で1番は途方もなくハードルが高い。競争相手がいっぱいで常に激烈な戦いが待っている。

そんな大風呂敷を広げる必要はない。ゾーンを狭めて1位になればいい。愛知県でいうなら、東海地方、愛知県、西三河、岡崎市、学区などゾーンを絞っていいので1位をめざす。そうすれば1位は必ず狙える。そして順次ゾーンを広げていけばいい。あるいは、規模や総合力ではかなわないが、ある特定の分野に絞った1位でもいい。たとえばSNSのフォロワーが多い、クチコミの点数が高い、リピート率が高いなどある分野でナンバーワンでも構わない。ブルーベリー観光農園でいえば、品種数なら1位、果実サイズなら負けない、日本の最北端の、最南端の、都心にもっとも近いなど考え方次第で1位はいくらでも獲得できるはずだ。

私の場合は、まだまだブルーベリーの市場が未開拓の時代に始めたので、ブルーオーシャン状態だった。だから目標は「日本のブルーベリー業界で第一人者なる」ことだった。実際にそうなれたかどうかはわからないが、ブルーベリー関連の売上、入園者数、取材回数、ホームページのランクなどおそらく1位を獲得しているのではないか。とにかくどんな形でも構わないので1位をいくつも獲得してほしい。

【第5条】ホームランはいらない、タイムリーヒットを狙う

年収2000万円は手が届く現実的な目標

起業の目的が「組織に縛られずに自分らしく輝きたい」から始まっているので、そもそも「1億円稼ぐ」のような大きな目標設定はしていない。ブルーベリー観光農園を思いついて、様々な知恵や工夫を織り込みながら事業計画を策定してみた。

そうすると、このブルーベリー観光農園は、年収2000万円レベルなら夢のような話ではなく、かなり現実的な目標設定だとわかった。会社を辞めた当初、家族仲良く暮らせるなら年収500万円でも十分と考えていたが、冷静に考えると、子ども2人を大学に行かせるには500万円では無理。最低でも1000万円、理想的には2000万円ほどの世帯収入が必要だ。私の例でいうと娘2人が同時に私立大学に通っていた頃や下の娘が米国留学していた頃など年収2000万円でも貯蓄を取り崩していくほかなかった。

だから、私の目標は年収2000万円だったが、それは2016年に達成して書籍の出版につながり、現在はそれ以上の収入になっている。

拡大志向ではなく、スモール&コンパクトな経営に徹すればリスクは最小限になる

そもそもお金持ちになることが目標ではなかったので、事業もスモール&コンパクトに徹した。一点集中主義というかブルーベリー以外に手を出すつもりはいまだにない。いちご狩りが上手くいったのでブルーベリー狩りもやるというようなケースをよく見受けるが、私は考えたことはない。またブルーベリー観光農園を数か所同時に経営するようなことも考えていない。あくまで現在の観光農園のみで十分。

セミナー事業が大きな柱になっているが、これもブルーベリー観光農園から派生した事業だから関連事業であり、セミナーと観光農園は常にセットで不可分の関連事業と捉えている。

事業を多角化していくことは経営資源が豊富な大企業なら安定経営につながっていくかもしれないが、ひとり起業や小規模起業のような場合、人件費や設備等の負担が大きくリスクも大きくなる。だからおすすめしない。限られた経営資源を有効に使うために「選択と集中」が必要だ。特定の事業に経営資源を集中させることで、前述のようにゾーンは狭くてもいいから1位を獲得する戦略だ。

スモール&コンパクトな経営に徹するのであれば、強い会社をめざすのではなく、愛される会社をめざそう。

【第6条】何でも自分でできるオールラウンドプレイヤーになる

ひとり起業だから、外注せず自分でやる

今では、正社員が2人いるので、負担はかなり軽減されたが、起業して10年ほどは夏の繁忙期を除き常駐しているのは私ひとり、まさに「ひとり起業」だった。これは農業を選択したのと同じく合理的な理由があって、ひとり起業したわけではない。ただ正社員を雇うほどの資金力がなかったから、ひとりでやるしかなかっただけだ。

だがひとり起業は、大きくは2つの点で良い結果をもたらした。1つ目は、起業当初、自分しかいないわけだからすべてひとりでやらなければならなかったが、このおかげで様々なスキルを身につけることができた。農作業はもちろんだが、経理や集客についても経験がなかったので専門学校やセミナーに通いスキルを身につけた。今でこそ、経理は税理士に、農作業と集客のSNS投稿などは社員に任せているが、当初はすべてひとりでやっていたから、一通りの経験と知識がある。だから任せっきりにせず肝心なポイントだけチェックしながら進められる。

2つ目は、自前でやれば、自分にスキルが身につくだけでなく、出費を抑えられるというメリットが当然ある。最初から資金繰りが楽で余裕ある経営ができる人は少ないはず。だから極力出費を抑えることはとても重要で、起業当初は特に窮状に備えるために手持ちの資金を少しでも多くしておきたい。だから失敗しないという意味では、前述のスキルを身につけるということよりも出費を抑える方がむしろ重要だ。

オールラウンドプレイヤーになる

サラリーマン時代には人材育成を目的としたジョブローテーションが定期的に実施されていた。若い頃は、せっかく一度習得して結果も残せるようになった仕事を手放して、新しい仕事に取り組むことが、とてもムダな気がしていた。だが自分に部下ができ、管理職になると、多種多様な仕事を経験してきた人ほど、的確なマネジメントができることがわかった。

たとえば、部下が仕事の相談をしてきたとする。その仕事が自分が過去に経験している仕事であれば、アドバイスはいくらでもできる。だが逆に自分が経験していない仕事、それもまったく未知の領域の仕事だとすると、何に悩んでいるのかを理解するだけでも一苦労で、アドバイスどころか部下と一緒に頭を抱えて悩んでしまうことが私にはしばしばあった。

これは社会人になってからの仕事に限らず、学生時代の部活、バイト、ボランティア、留学など様々な経験は、人間的成長を促し、貴重な財産になる。数多くのことを体験している人は企業としても欲しがる人材なので、就職にも優位に働く。

医者や弁護士といった特殊な職種や、研究職、芸術やエンジニアの一部などスペシャリストは必要だが、広く一般的にはオールラウンドプレイヤーの方が重宝されるし、起業にとっても有利なことは間違いない。

農業もある意味特殊な世界で、「農家一筋40年」のような方が多い。栽培することについては、その経験値は半端ないが、それ以外のことになるとサッパリわからないという方も多い。だから20年もの間、大企業で経験を積んできた私は経験を大いに活かすことができた。だからオールラウンドプレイヤーをめざそう。

【第7条】人のせいにしない

人のせいにしていると人間成長はない

事業が上手くいかないときに、やたらと人のせいにしている人を見かける。この場合の「人」とは、人間に限らない。天候や環境、あるいはコロナパンデミックのようなものも含まれる。人のせいにしている限り、自己成長することはできない。

問題や失敗が起きたときに、他人を非難して自分の責任を認めないことは、自分の行動や選択に対する責任を放棄しているからだ。だからすべては自分の責任と捉えるべきだ。

雨が降っても自分の責任

ここ5年ほど夏に雨が多い。雨が多いとどうしても客足が鈍る。特に2023年は線状降水帯に入り込んでしまい、近くの川が氾濫して農園は膝まで浸水した。その影響で復旧作業のため1週間ほど休園せざるを得なかった。

ついついここで「ツイてない」「この洪水さえなければ」とすべては天気のせいで自分は悪くないと責任を回避してしまうところだが、自然災害で致し方ないことだとはいえ、「これも自分の責任」と考えるようにしている。なぜなら「○○が悪かったから」と言ったら自分の成長がまったく見込めないからだ。雨が降っても自分の責任と考えれば、来年はこんな対策をして、雨の影響を最小限にするなど反省からアクションにつなげることで、自己成長の機会と捉えることができる。

人を批判しないと決める

最近のSNSでの誹謗中傷などは目を覆うばかりだ。私でさえも他人に責任を押し付けることで、自分のストレスや不満を解消しようとする人に攻撃されることはときどきある。自分のストレスを他人に押し付けてスッキリしたいのだろうが、それはあくまで一時的な解決策でしかなく、長期的にはストレスを増加させる結果となる。そんな人たちが成長することもないし、成功することもあり得ない。

そのほかにも人間関係が損なわれ何もいいことはない。だから人を批判しないと決めよう。という私もまったく人を批判しないわけではなく、ついついやってしまうことがある。その反省も込めて自分を戒めながら書いている。

【第8条】事前準備を怠りなく

自分のスキルとキャリアの棚卸し、不足分は習得しておく

私の場合は、退社直前までハードワークだったので事前準備に費やす時間はほとんどなかった。その代わり正式退社前の1年間は、「スキルアップ研修」の時間が与えられていたので、その1年間にしっかり事前準備させてもらった。

農業に転身するので、農業の基礎的なところは農業大学校の新規就農コースに籍を置いて学ぶ一方、業種に関係なく必要な経理・帳簿のスキル習得のために、簿記の専門学校に通い自分で帳簿を付けて確定申告ができるようにした。

そして、観光農園をやることを決めてからは、集客スキルを学ぶためにセミナーに参加して、ホームページ制作、ブログ、SNS、そしてメディアにアプローチするためのプレスリリースの書き方などを身につけ、起業してから大いに役立った。

さらに起業後、経営が軌道に乗り、メディア取材が増え、講演依頼もいただくようになり「話し方」「伝え方」のスキルが必須と考え、元NHK女性アナウンサーの矢野香先生の個人レッスンを受けるため1年間東京に通った。これによって講演、セミナー、テレビ取材など人前で話すことに自信がついた。

やることが決まっていれば事業計画書をつくる

何をするのか決まっているのであれば、ザックリでもいいので、企画書や事業計画書を作成する。まずは事業のフレームワークを5W1H（いつ、どこで、誰が、何を、なぜ、どのように）で明確にする。そのうえで実際に事業として成り立つのか、成り立たせるために何が必要かを事業計画書として作成しよう。

事業計画書を作成しておけば、起業後5年間くらいの投資、ランニングコスト、資金計画、売上利益目標などを事前に目処がつき、今後のアクションに結びつけやすい。この辺は自分のキャリアで持ち合わせていたところなので、そのスキルを十分活かすことができた。
いずれにしろ自分のスキルとキャリアの棚卸しをする必要がある。自分が持っているものとそうでないものを整理して、不足分は起業してからでも遅くはないができる限り事前に学んで習得しておきたい。

起業セミナーがあれば参加する

自分がやりたい起業をサポートするセミナーがあればぜひ参加したい。ブルーベリー観光農園で起業したいのであれば、私が主催する「成幸するブルーベリー農園講座」を受講いただきたい。人気農園にするために何が必要で何をしなければならないのかをすべて伝えている。現在はオンライン化しており「いつでもどこでも何度でも」スマホさえあれば学べるようになっている。このセミナーはビジネスモデルを徹底的に解説して開園までサポートする農業セミナーの草分け的存在だ。毎年100～200人が受講して、全国に100軒以上のブルーベリー観光農園が誕生した。

【第9条】事業資金の借り入れは必要最低限にする

借り入れは、条件が有利な制度資金を利用

借り入れなしですべてを自己資金でやるのが理想的だが、それができる人はなかなか少数派だと思う。私の場合は、会社の管理職早期退職制度を利用したので、退職金が割り増し支給され借金せずに済んだことは、精神的に楽だった。

借り入れがどうしても必要な場合、まずは親などの身内が援助してくれるならありがたく頂戴すればいい。それでも足りない場合は、制度資金を利用すべきだ。制度資金は、自治体に融資を申込む制度で資金調達力の弱い中小事業者をサポートするためにつくられた融資制度だ。民間金融機関に比べ低利で、利子を自治体が補助することや、返済条件の優遇などを受けられる。

農業の制度資金は特に優遇されていて、条件が合えば金利ゼロで借り入れができるし、返済猶予期間が設定されているものもある。私も2018年のレストハウスのリニューアルのときは農業制度資金を10年返済で借り入れたが、金利ゼロなのでいまだに利息を払ったことはない。

補助金制度を上手く活用して、資金不足を補う

資金が足りない場合、補助金制度を有効に使いたい。農業は補助金の制度がとても充実している。充実しすぎていて、これが農業の競争力を弱めていると言われるくらい手厚い制度になっている。農業機械・設備、施設関係や新規就農者に毎月交付される就農準備資金、6次産業化関係など多岐にわたる。中には新規就農者に最大1000万円の補助金を出すという制度もあるので、ぜひ活用を検討してほしい。

農業であっても、経済産業省が取りまとめる事業再構築、ものづくり、IT化、小規模事業者持続化などの補助金制度も利用できる。直近開園したセミナー受講生も農林水産省、経産省関係合わせて800万円余りの補助金を獲得していて驚いた。そのノウハウはオンラインセミナーの中で披露してもらっている。

補助金制度は、公的な制度なので、何か売り込みがあるわけではなく、主体的に情報を取りにいかなければならない。よく聞くのは、使えそうな補助金制度を見つけたが、もう締め切られていて使えなかったという話だ。こうならないためにも早めに情報収集しておくべきだ。起業家向けの無料ビジネス誌「創業手帳」が発行している「補助金ガイド」は、請求すれば無料で冊子を送ってくれる。とても便利だから活用してほしい。

申請書類の作成や手続きは素人にとっては、そう簡単なことではないが、難しければ行政書士などの専門家にお願いしてみよう。補助金を獲得さえできれば、手続きの対価を払っても安いものだ。

【第10条】パートナーの了解は必須

長年の夫婦間の信頼関係に尽きる

ブルーベリー観光農園の開園には大きく3つのハードルがある。農地探し、開業資金、そして家族やパートナーの理解と了解だ。人によっては、このパートナーの了解が最大の難関かもしれない。

パートナーからＯＫをもらえるコツは何か。これは長年の信頼関係に尽きるとしか言いようがない。いつも自分勝手なわがままばかりしているパートナーが急に脱サラ・起業すると言っても、理解が得られるとは到底思えない。奥様をどうやって説得したかをセミナー受講生によく聞いてみるが、奥様が看護師や美容師のように手に職があるとか、正社員として働いている場合、比較的理解されやすいが、パートや専業主婦の場合はかなりハードルが上がる傾向がある。

そういう意味でも常日頃、夫婦関係を良好に保つことが何より大切だ。

妻も私もお互いに「好きなこと」を仕事にすることで一件落着

私の場合、会社付き合いが苦手で、飲み会もゴルフもほとんど参加しない。仕事が忙しい中でも、休日は家族と一緒に楽しむことが当たり前の生活だった。長期連休ともなれば、北海道、沖縄、時には海外旅行と思い出を積み重ねてきた。だから妻、子どもたちとの関係も良好で、仲良し家族だった。

妻にも退社して農業をやることを突然切り出したわけではなく、もう4～5年は自分なりの独立起業の構想をよく話していた。最終的には、「あなたが好きなことをやるなら、私も好きなことを仕事にする」ということになった。妻は大卒時に教員採用試験に落ちて、仕方なくデンソーに入社、そして私と社内結婚することになった。だから妻は教壇に立つという目標を達成できずにいたが、思わぬ形で夢が叶うことになった。

現在は講師として教壇に立ちながら、夏の繁忙期だけ農園を手伝ってもらっている。普段はお互いに好きなフィールドで働きつつ、繁忙期だけ一緒に働くというとても良好な協調関係が築けている。

家族の了解が大きな推進力になる

当たり前だが、家族の了解があることで大きな励みになる。家族から応援されていれば、家族のためにがんばろうという気持ちになりモチベーションがグッと上がる。

またパートナーが働きに出て収入を得ることで家庭は安定する。これも大事なことだ。開園当初はほぼ家族経営で乗り切るほど家族のチームワークは抜群で一体感があった。家族で一緒に楽しく働けるなんてサラリーマンでは絶対にあり得ない。本当にありがたいことだ。

あと親の了解は必須ではないと思うが、理解が得られた方が何かとサポートしてもらえるので、応援してもらえるよう働きかけることもしてほしい。ビジネスとはどれだけ大勢の応援団がいるかで成否が決まってくるから、応援してくれる人は1人でも多い方がいい。

【第11条】ギブアップするときの基準を明確にしておく

諦めるときの基準を明確にしておく

失敗しない起業のための11か条の中で唯一、最悪の事態を想定したものが、事業継続を諦める基準を明確にしておくということだ。

「諦める」とは明らかに見極めることを意味する。脱サラ起業することも勇気ある決断だが、その事業を断腸の思いでたたむことも英断だと言える。人生には想定外のことが起こり得る。天災やコロナなどは自分の力だけではどうしようもないことがある。私がサラリーマン生活から足を洗ったように、起業して始めた事業から撤退することも想定しておくべきだ。

一番良くないのは、業績不振がズルズル続いていくときだ。いろいろ手を尽くしても業績が上向かないときは、その事業から撤退を真剣に考えるべきだ。そうは言っても自分で始めた事業だから、そう簡単には決断できない。だから起業するときに、「こうなったら撤退する」という基準を明確に決めておくべきだ。たとえば、「5年やっても黒字化できない」「借入金が○○○万円になったら」のようなことだ。これから起業するときに、最悪の事態を考えたくないのはよくわかるが、そうならないためにも諦める基準を決めておくべきだ。

最悪の場合は、離婚することも考えていた

私の場合は、前例がほとんどないようなブルーオーシャンの世界に飛び込んでいったので期待も大きかったが、時折何とも言えない不安に襲われることがしばしばあった。起業当時、撤退すべき明確な基準こそ用意していなかったが、最悪の事態に至った場合のことは考えていた。

それは、もうどうにも事業が立ち行かなくなったら、妻と離婚して娘2人とともに妻の実家に帰すことだった。そうすれば借金の返済からは切り離されるし、娘たちの進学についても義理の両親が何とかしてくれるだろうという腹積もりがあったからだ。

事業家であれば、夢を描いて邁進することも大事だが、逆に最悪の事態を想定しておくことも忘れてはいけない。

【最後に】40歳からの起業に向けて

私の経歴や考え方に共感してくれるのは40代50代が中心

上述の年収2000万円の目標やスモール&コンパクトな経営をおすすめするのは、私と同じく40代からの起業をめざしている人を意識して書いた。40歳頃からサラリーマンとして限界を感じ、まったく明るい未来を見通せなくなる人は多い。やがて行き詰まり、うつ病になる前に会社を飛び出し、好きなことで起業する、という私のストーリーに共感してくださるのは、やっぱり40代50代の中高年の世代だ。

先日、オンライン講演をさせてもらい、250名ほどの方が聴いてくれた。事務局から参加者の属性が送られてきたが、やっぱりというか納得の属性だった。世代でいうと50代が38%、40代が26%、要するに中高年が64%と3分の2を占めた。続いて30代が21%と続く。また男女比では女性35%、男性65%。このように私の話を聴きたいのは、中高年男性が断然多い。それは自分で主催しているセミナーの属性とまったく同じだ。

起業する平均年齢は43歳

日本政策金融公庫総合研究所が公表している「2023年度新規開業実態調査」（融資した企業のうち、融資時点で開業後1年以内の企業7032社によるアンケート結果）によれば、起業した年齢は40代の割合がもっとも高く37・8%、次いで30代が30・1%、開業時の平均年齢は43・7歳で2018年から2023年まで43歳となっておりほとんど変化がない。

また開業の動機は「自由に仕事がしたかった」が57・4%でもっとも高く、次いで「仕事の経験・知識を活かしたかった」が45・8%となっている。そう考えると、40代は組織に縛られずに、今までの経験や知識を活かして、自分らしく自由に生きたい、と考えている人が多い世代と言って間違いない。

40代は若さと経験のバランスがちょうど良い時期

アンケート結果から40代の起業がもっとも多いわけだが、なぜ40代の起業が多いのかを考えてみたい。その理由は様々だが簡潔に言うと、年齢と経験のバランスがちょうど良く、自分でも自信を持って独立できるからではないだろうか。社会人としての経験は20年になり、経験も増え仕事の幅が広がり自分で判断できるようになっているはずだ。管理職や責任ある立場であればマネジメント能力もそれなりに身につけている。

また体力・気力も十分でまだまだ無理がきくし、健康面でもそれほど不安を抱えずにいられるのが40代だ。このバランスの良さから40代の起業がもっとも多くなるのは必然と言える。

40代なら大風呂敷を広げすぎず、大きな夢を見ない

40代ともなれば、家庭を持っている場合が多いはず、だから失敗ができない世代に入ってきている。20代30代なら失敗してもやり直しができるが、家庭のある40代ならリスクを最小限に抑えた起業にしたい。家族が路頭に迷うのだけは避けたい。50代になると子どもが大学に通う頃なので、教育費に今まで以上の出費を覚悟しなければならない。そういう意味でも、まだまだ子どもにお金がかからない40代のうちに起業してしまうのがベストのタイミングなのかもし

れない。
20代30代に比べ大きなリスクは取れないし、年齢的なものからどうしても選択肢は減るが、その代わりに豊富な経験がある。だから大風呂敷を広げなければ、40代からの起業で成功する確率は格段に上がると考えている。

副業として始めてもいい

どうしても家族のことが心配であるとか、会社を辞めてしまうことが心配でならないのであれば、副業や週末起業から始めてもいい。サラリーマンとして働く時間が長時間労働ではなく、副業の準備や運営にある程度時間を割くことが可能であれば、そうすることも一案だ。もし失敗したときでもサラリーマンとしては引き続き収入を得られるので大けがすることはない。事業が軌道に乗れば、退社して副業を本業にして本格的な経営に移行することもできる。

ブルーベリー観光農園の起業セミナー受講生の中にも、退社して人生を180度変える人も多いが、普段は会社員として働きながら、週末だけ営業するという週末起業として立ち上げる人も多い。その人たちも行く行くは、会社を辞めてブルーベリー観光農園一本で生計を立てることをめざしている。

起業の満足度調査は7割以上が「満足」

さきほどの日本政策金融公庫のアンケートに戻るが、この調査結果の中で一番驚いたのは起業したことに対する現在の満足度だ。総合的な満足度として、なんと「かなり満足」が29・7%、「やや満足」が44・1%であり、実に7割以上の起業家が満足しているということだ。項目別には仕事のやりがいは80・5%。ワークライフバランス57・4%と高い満足度となっている。

人生の中では一大決心かもしれない、脱サラ起業の満足度がこれほどまでに高いのは、勇気を出した人に世界はやさしいということだ。だから臆せず脱サラ起業を前向きに考えてほしい。

［第７章］

前職のキャリアがあったからこそ成功した

前職のデンソーに対して今は感謝しかない

これまで散々、サラリーマン時代に20年間お世話になったデンソーに対して「苦しい」「辛い」「不安」「逃げる」など否定的なことばかり書いてきたので、さぞかしデンソーに対して「積年の恨みや憎悪」の念を持っていると思われるかもしれないが、それは大きな間違いだ。

確かに退社を決断した当初は、勢いをつけるためにも「こんな会社は辞めてやる！」という気持ちに一時的になったことは否定しない。私の場合、同業種での独立起業ではなく、まったくの異業種起業だったので、デンソーで学んだことは何の役にも立たず「ゼロ」起業だと覚悟していた。

ところがだ、いざ起業してみたら予想は見事に覆された。大企業の事務系社員として培ったキャリアが、ブルーベリー観光農園というまったく似ても似つかない業種で起業したにもかかわらず、起業から開園に至る各場面で十二分に活かされて、今日に至っている。だからデンソーで働いた20年間は感謝でしかない。

デンソーを辞めたのは、相性や適性の問題

それほど感謝しているなら、辞めなければ良かったのではないか、と思われるかもしれないが、どんなにいい会社でも、相性や適性はどうしても関係してくる。私の場合は、能力的に際立ったものがあったわけではないし、そもそもサラリーマンに向いていなかったから会社から去ることになったと今では考えている。

もしデンソーがブラック企業であったなら、優秀な人材が次々流出して、会社は傾いていたかもしれないが、かつての同志で、私と同じように早期退職するような人などほとんど聞いたことがない。優秀な人材の宝庫なのに、起業することなど考えずに、目の前の仕事に一生懸命に取り組んでいるからこそ、デンソーは超優良企業であり続けていられる。この素晴らしい会社に20年も勤めて、様々な経験や学びができたことを誇りに思う。

デンソーの新社長は同期で同窓

2023年6月にデンソーの社長が8年ぶりに交代した。その記事を見て驚いた。新社長の林新之助氏は、私と同期で同窓。しかも7～8年は同じ電子事業部に籍を置き、よく顔を合わせていた。特に親しい間柄ではないが、どんな人物かはよく知っている。

とにかく仕事熱心で情熱的、もちろん能力も際立っていて、かつひたむきに仕事に取り組むからトップエリートで昇進していくことは誰の目からも明らかな人物だった。決して人脈や権力闘争で勝ち残ったということではなく、仕事が評価されて社長まで昇進した。売上約6兆円、従業員約16万人のデンソーグループの頂点にふさわしい人物と言える。デンソーといえば「メカ」「ハード」「生産技術」に強いイメージがあるが、彼は異色のソフトウエア系のエンジニアだ。これには、デンソーの社長人選に先見性を感じ、この先しばらく安泰だと確信した。

デンソーに恩返しがしたい

林氏が社長に就任したときにOBの方から社長就任祝いに来ないかと声をかけていただいた。退社してから15年以上になるが、その間デンソー関係者と交流することはほとんどなかった。だから久々の再会にいささか緊張したが、林氏とは旧知の仲なので、親しく話すことができた。

またOBの方々が、私のように会社を飛び出していった人間を温かく迎えてくれたことが本当に嬉しかった。それと同時にデンソーの中で私の存在が随分と有名になっていることにも驚かされた。初めてお会いする方も多かったが、「テレビで見たよ」「本を読んだよ」など温かいお言葉をたくさん頂戴して、胸が熱くなってしまった。つくづくいい会社で働かせてもらったと感じた。

そんなわけで、同期の新社長就任をきっかけに、デンソーに対する感謝の念が一層強くなり、何か恩返しができないかと考えるに至った。

デンソーでの学びを本のコンテンツとして紹介する

どんな形で恩返しができるか考えてみた。ブルーベリーとデンソーのマッチングができればいいが、すぐには思いつかなかった。ちょうどその頃2冊目の本を出版したいと考えるようになっていた。処女作『最強の農起業！』からもう7年経過しているので、そろそろ次を出版しなければという気持ちになっていた。

そこで思いついたのが、デンソーで学び培ったことが、私の起業にいかに役立ったのかを本のコンテンツのひとつとして紹介すること。デンソーは超優良企業であるが、B to B企業であるがゆえにトヨタのような知名度はない。そういう意味でも知名度アップに微力ながら貢献できたらと思ったのだ。

起業を意識していれば、現場からより多くのことを吸収できる

デンソーは設立当初こそ経営難であったと聞くが、経営が軌道に乗ってからは、オイルショックやリーマンショックなど一時的な停滞期はあっても、それを除いては常に右肩上がりの成長を続けてきた極めて稀な優良企業だと言える。そこで学び培ったことが、転職や起業、また異業種起業であったとしても、役に立たないはずがない。

とにかく長年携わって身につけたことは、肌に染み付いて思考回路に組み込まれてしまう。何か新しいものに取り組むとき、ほっておいてもそのキャリアで考えて答えを導き出していく。だから過去のキャリアは必ず活かされる。人生にムダはないとは、よく言ったものだ。

私のように起業する気など毛頭なかった者でも、これほど役立つのだから、最初からいつか起業することを前提に考えているなら、現場からより一層多くのことを吸収できるに違いない。

「DENSO」5つの教え

デンソーでの学びを5つの教えに整理して、そこで学んだことがいかにブルーベリー観光農園の起業に役立ち、生産性の高い農業の実現に寄与したのかを語っていく。その5つの教えを以下に列記する。

1. Dream（夢・理念）
2. Eco（環境にやさしく、経済的、ムダを省く）&Efficiency（効率化）
3. Next standard（次世代の標準モデル・デファクトスタンダード）
4. Skill（スキル）
5. Objective and Plan（目標と計画）

説明するうえでスムーズにご理解いただくために、次章では右記の順番通りではなく、前後することをご了承いただきたい。

会社から逃げる勇気

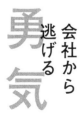

［第8章］

デンソーの5つの教え

【Dream　夢・理念】

理想の「あり方」を普遍的に示す

デンソー5つの教えの1つ目は Dream だ。Dream を日本語にすると「夢」になるが、夢というと何か実現が困難で、手の届きそうもない空想のようなイメージで捉えられがちだ。夢とは、実現させたい理想であって、会社でいえば「理念」と置き換えてもいいものだと考えている。理念とは根本的な価値観のようなもので、「会社組織は何のために存在するのか」「事業経営をどんな目的で行うのか」「組織の存在意義や使命」などを普遍的に表したものだ。

理念を持つことで、組織の方向性が明確になり、社員の意識向上や業務効率化に寄与して、ブレない軸を持つことにつながる。

デンソー基本理念

私たちは「デンソー基本理念」を行動の指針とし、世界中の人々から信頼され、期待される企業であり続けます。

会社の使命
世界と未来をみつめ
新しい価値の創造を通じて
人々の幸福に貢献する
経営の方針
1. 魅力ある製品で　お客様に満足を提供する
2. 変化を先取りし　世界の市場で発展する
3. 自然を大切にし　社会と共生する
4. 個性を尊重し　活力ある企業をつくる
社員の行動
1. 大きく発想し　着実に実行する
2. 互いに協力し　明日に挑戦する
3. 自己を磨き　信頼に応える
（デンソーのホームページより）

理念は、普遍的な価値観のようなものなので、毎年書き換えられるようなことはないが、このほかにビジョン、方針などがある。方針は、目標を達成するための方向性で、毎年年初に会社方針が策定され、その後順次、事業部、部などの職場へ展開され、会社方針に基づいての事業部方針、部方針などが決まっていく。そして部から課へ、最後は方針に沿った個人の目標設定に落とし込まれていく。

理念や方針の重要性に起業してから気づく

デンソーは理念や方針など会社の価値観や方向性を示すものに随分と手間暇かけて浸透させていった。会社方針が年始に公表され、それが各セクションに展開されて社員個人の目標設定に組み込まれ、上司と面談を終えるまでに5月いっぱいかかる。当時、なぜここまで社内に浸透させようとするのかが理解できなかった。

私が企画部門に在籍して、方針などにかかわることが多かったせいもあるが、目の前の仕事をこなしていく一方で、すぐに効果が表れることはないものになぜここまで時間をかけるのか不思議だった。それは私が退社・起業して経営者になったときにこの重要性に気づいた。

人の行動を促すには「なぜ」を語ることが重要

前職であれだけ理念や方針にかかわってきたので、重要であることは認識していたが、まだ自分の中で納得できていたわけではない。そして起業して、サイモン・シネック氏が提唱する「ゴールデンサークル理論」に出会ってからしっかり腹に落ちた。

一般的に、人間が物事を説明するときには「何を（What）」「どのように（How）」「なぜ（Why）」の順番で語られる。しかし、ゴールデンサークル理論では、人の共感を集め、人の行動を促す必要のある組織は、逆の順序である「なぜ（Why）」「どのように（How）」「何を（What）」でメッセージを伝えると良い、特に「なぜ」が重要だと説いている。その根拠を脳の構造やアップルの事例から説明している。

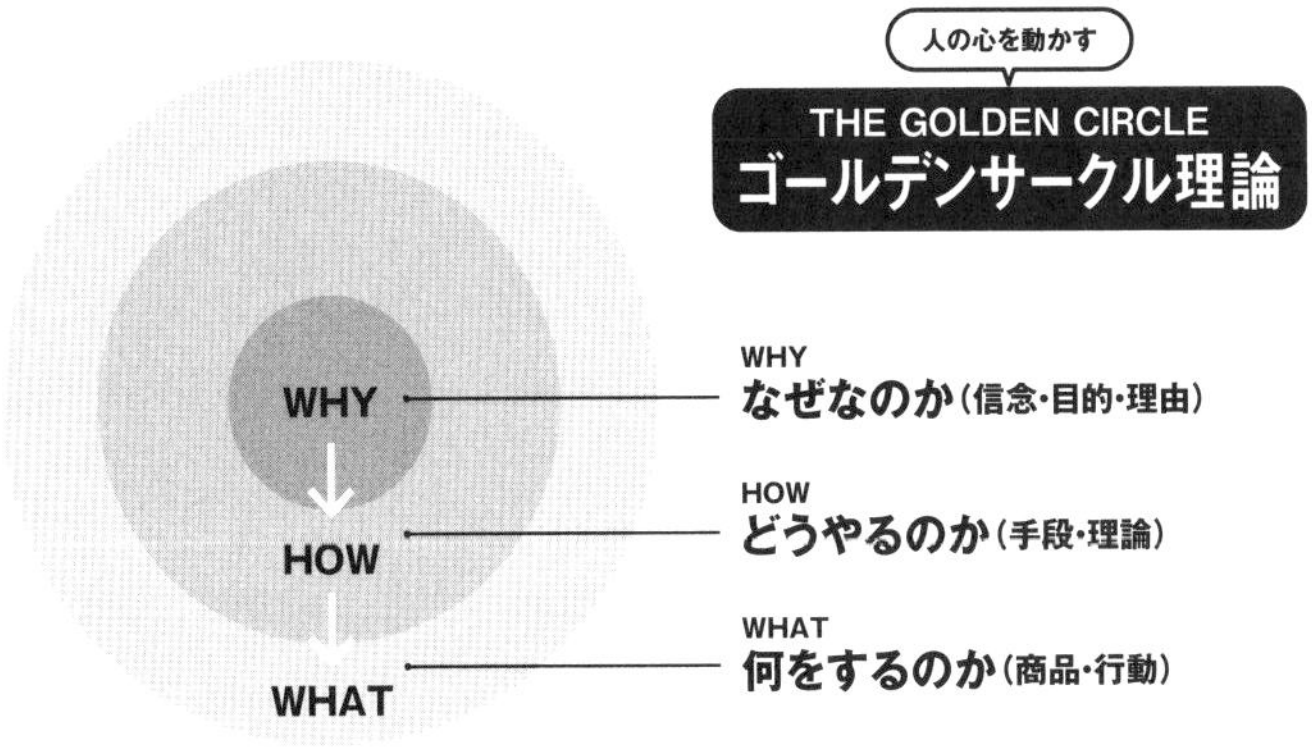

この理論を初めて知ったのはTEDの講演をYouTubeで見たときだが、それがあまりにも衝撃的だった。さすがに再生回数が6000万回を超えるほどの人気になるのも頷ける内容だった。そのあと書籍『WHYから始めよう！』も読み、さらに深く理解した。このときデンソーがなぜあそこまで理念や方針に手間暇かけてこだわっていたのかが初めて納得できた。

だからブルーベリー観光農園の理念を「なぜ」「どうして」「何のために」を明確にしてつくることを決めた。

理念を発信しているサイトは少ない

理念をつくるにあたって、様々な会社や個人事業主のホームページを検索して閲覧してみた。大手企業や有名企業は、「なるほど」とうならせるような理念がズラリ、さすがだ。それが小さな企業や店舗、個人事業主のサイトを検索すると状況は大きく異なる。大半のホームページには、そもそも理念らしきものがない。サイトの中に理念・コンセプト・大切にしていることなど、そもそもそんなページが見当たらない。ゴールデンサークル理論で言う「何を（What）」「どのように（How）」はどのサイトにも必ずあるが、「なぜ（Why）」がないページがほとんどだ。要するに、「なぜこの事業をやっているのか」「何のためにやっているのか」「どうしてこの事業なのか」がないのだ。

最近は、「映え」狙いで見せ方・魅せ方に重点を置く傾向があるが、何を大事にして何のためにやっているのかがわからない。映えだけでは一過性に過ぎず、永続的な人気は保てないはずだ。

様々なホームページを見て気づいたのは、しっかりと「なぜ」を表現しているサイトほど実際にも繁盛しているような気がすることだ。「なぜ」は共感を呼び、お客様の行動を促し、安定的な人気につながるからではないだろうか。

理念の発信には物語が必要

多くのホームページには、理念や「なぜ」がない。あってもせいぜい「美味しい○○を届けたい」「お客様の笑顔が喜び」などトップページにひと言、あるいは2~3行書かれているだけのもの。確かにその通りかもしれないが、あまりにも「ありきたり」に過ぎない。それだけで、お客様の行動につながるような共感はとても得られない。

トヨタやユニクロなど知名度の高い企業なら、長々とした説明書きは不要かもしれないが弱小店舗にとっては、理念を理解してもらうために物語・ストーリーが必要だ。これがいわゆるストーリーブランディングだ。私の場合なら、紆余曲折あってなぜブルーベリーに辿り着いたのか、ブルーベリー観光農園を開設して今後は何をめざしていくのかを物語にしてホームページに記載すべきだ。自分の生い立ちから始まって少々長めのストーリーでも構わないというか、その方が望ましいくらいだ。そこにお客様は共感してコアなファンになってくれる。

【農園の3つの理念】

1　ブルーベリーがもっと身近な日本に
2　ブルーベリーサンクチュアリといわれる農園に
3　一人ひとりが自分らしく輝く社会に

この3つの実現をめざすために農園・会社経営をしていく。これが理念であり「なぜ」となる。これだけでは説明不足なので、このあと順に解説していく。

農園の理念1　ブルーベリーがもっと身近な日本に

ブルーベリーの本来の美味しさをもっと知ってもらいたい

日本ではまだまだマイナーな存在のブルーベリー。スーパーのフルーツ売り場に行ってもシーズンオフなら大規模店舗でない限り品揃えがないのが当たり前。うちの農園のお客様も毎年約70%は、「ブルーベリー狩りは初めて」という未知の世界に足を踏み入れた人たちだ。話を聞いてみると大半は、ジャムやペーストを練り込んだ食品を食べることはよくあるが、生食するのは、ケーキの上にトッピングしてある2~3粒の生ブルーベリーを食べたことがある程度。おわかりだと思うが、トッピングされたブルーベリーは、未熟果なのでほとんど味がしない。あれがブルーベリーの本来の味だと誤解されてしまうと、わざわざ買ってまでブルーベリーを食べようとは思わないはずだ。

本来、完熟したブルーベリーはたとえようがないくらい美味しくて甘味、酸味のバランスが抜群だ。当園のアンケートで実に95%以上が5段階評価の上2つ「とっても美味しい」「美味しい」と答えていることからもよくわかる。ブルーベリー本来の美味しさをもっと多くの方に知ってもらいたい。美味しさだけでなく体にも良い影響を与えることがわかっているブルーベリーをもっともっと身近なものにしていきたい。

いちご超え、米国並みのメジャーフルーツへと押し上げる

もっと身近な存在に感じてもらうために次の6つをめざして活動していく。

❶フルーツ売り場での常設、毎日食卓にあるような日常的な存在へ
❷夏の味覚狩りといえば、「ブルーベリー狩り」の定着化
❸いちご狩りを超えるメジャー感の獲得
❹国産ブルーベリーの普及、国産化率向上
❺「大粒で甘い」「体に良い」「加工しやすい」の啓蒙活動
❻セミナーを通してブルーベリー栽培農家の拡大、育成

このような活動からブルーベリーを米国のようにメジャーかつポピュラーなフルーツに押し上げる。

農園の理念2　ブルーベリーサンクチュアリといわれる農園に

ブルーベリーの歴史は浅い

ブルーベリーは北米原産のツツジ科の落葉性低木果樹だ。原産地アメリカでは、古くから先住民インディアンやヨーロッパからの移住者によって、野生種が収穫されて食べられていた。その後、野生種が選抜されて営利栽培が始まったのが、19世紀末になってからで、原産地アメリ

カでさえも、その歴史は浅く、栽培を始めてからせいぜい150年にも満たない。日本では、1950年代にようやく農業試験場に導入されて、その後営利栽培が始まったのは1960年代だ。ぶどうやももは江戸時代、みかん、なし、かきなどはもっと古くから栽培されていることを考えると、ブルーベリーの日本での歴史は半世紀ほどしかなく、まだ始まったばかりと言うことができる。

1960年代から日本で始まったブルーベリー栽培は全国各地に展開されていった。ブルーベリーを特産品として位置づけて補助金を投入しながら町おこしを狙っている地方の市や町は珍しくない。

日本のブルーベリーの第一人者になる

起業前にそのような地域を訪ね歩いたが、中途半端でまったく冴えない状況だった。最初は行政が旗振り役になって、農家を巻き込み始まったようだが、高品質のブルーベリーを安定的に市場に投入できず、結果的にほとんど儲からない作物になってしまい勢いがなくなってしまったようだ。これこそが、日本には本格的な農家や産地が存在しないことを私に実感させた所以だ。だが逆にこのように手がつけられていない状態は、私にとっては未知の魅力にあふれていた。だからこそ、日本のブルーベリーの第一人者になると決意したわけだ。

この農園をブルーベリーの聖地にする

りんごなら青森、ぶどうなら岡山や山梨、みかんなら瀬戸内海や静岡、さくらんぼなら山形など有名な産地はいくつもあるが、ブルーベリーになるとまったく思いつかない。国産ブルーベリーがあることさえ知らない人も多い。そのくらい存在感がない。

ならば、ここ「ブルーベリーファームおかざき」を日本のブルーベリーの聖地にする、ブルーベリーサンクチュアリにすることを理念に掲げ、名付けて「ブルーベリーサンクチュアリ計画」を展開中だ。

ブルーベリーサンクチュアリ計画

これは、名実ともに日本のブルーベリー農園を代表する「聖地」として位置づけられるような農園をつくる計画だ。この農園は、日本で初めてブルーベリー専業で採算の取れるビジネスモデルをつくり上げ提唱してきた。自画自賛かもしれないが、この農園は近代ブルーベリー栽培の発祥の地と考えていいはずだ。だからこそ、聖地としての役割を果たせるような農園をつくり上げていく。

聖地としての役割は何か。それは、ブルーベリー普及の中心地、消費者への普及・消費促進の発信基地だ。そのために、ここに来ればブルーベリーのことなら何でもわかるといった意味で、栽培、観光農園、加工品、経営などあらゆる面でダントツナンバーワンの農園でなければならない。それをめざして活動していく。

農園の理念3　一人ひとりが自分らしく輝く社会に

日本の豊かさと活力を次の世代に引き継ぐために

3つの理念のうち、これだけはめざすものが異なる。これは私自身がもがき苦しんでいたサラリーマンから足を洗い、ブルーベリー観光農園という天職に出会い、人生が劇的にそして一気に好転したからだ。自分の中で眠っていた才能が次々と目を覚まして、水を得た魚のように生まれ変わった。人生最大のピンチから抜け出して自分らしく自由に生きられるようになった。この経験は貴重な財産で、自分の中だけにとどめておくべきものではなく、同じように悩み苦しんでいる人たちのお役に立ちたいと思うようになった。これは、ブルーベリーとは別にもうひとつの役割と使命だと感じている。

一人ひとりが、自分らしく生きることによって、その人の潜在能力を最大限に引き出すことができれば、人口減少で閉塞感の漂う日本においても、豊かさと活力を次の世代に引き継いでいけるのではないかと考えている。

人が潜在能力をいかんなく発揮するには、「好きなこと」「やりたいこと」を仕事にするのが一番だというのが私の持論だ。これについては、次の章で詳しく伝えるので、ここでは割愛する。

【Skill（スキル）】

会社には起業に必要なスキルがゴロゴロ

デンソーの5つの教え、2つ目はSkillだ。

サラリーマンとして会社勤めをしていた頃は、何かと「やらされ感」が強く、この先役立ちそうもないことばかり、なぜやらされるのかと思っていた。ただ今となっては、あのとき半分嫌々やっていたことがスキルとして身につき、起業後のあらゆる場面で役立った。会社には起業に必要なスキルがゴロゴロ備わっていると考えて間違いない。だからサラリーマンとしてキャリアを積み上げ、スキルを身につけさせてもらったデンソーには、心から感謝したい気持ちでいっぱいだ。

仮に会社員という過程をパスして、大学卒業後にいきなりブルーベリー観光農園を経営していたらきっと失敗していたはずだ。あまりにもスキル不足でひとつひとつの仕事が滞り、問題点が明らかになったときに解決策を見出せないなど、問題山積で決してスムーズに経営できたとは思えない。

起業を視野に入れて仕事すれば意識も変わる

将来起業する予定がないのであれば、嫌々やらざるを得ないような仕事が多くなってしまう人もいるだろう。これが将来起業することを視野に入れて働くのであれば、仕事に対する意識も随分と変わってくるのではないか。「これはきっと役立つぞ」と考えれば、その仕事に対するモチベーションも上がってくるはずだ。

通常、どうしても身につけたいスキルがあれば、社外のセミナーや専門学校に通ったりしてお金をかけて習得するのが当たり前だ。たとえば英会話を上達させたいと思えば、レッスン料を払いながら英会話の学校に通ってスキルを身につけるわけだ。

しかしながら、会社とはありがたいことに、給料をもらいながらスキルを身につけさせてくれる本当に素晴らしい学びの場だ。必要性を認められれば、社外のセミナーにも参加させてもらえる。だから会社での学びを有効活用しない手はない。

デンソーは人材育成のための研修制度が充実

デンソーはヒトづくりにも熱心だ。デンソーはカリスマ性のある経営者で成り立っている企業ではなく、社員一人ひとりが鍛え上げられて、組織的なチームプレーに徹して遺憾なく本領を発揮しているからこそ、右肩上がりの成長をしてきた会社だ。

〈デンソーの人材育成の取り組み〉ホームページより

・全社員が毎年自主目標を設定し、上司との定期面談を通じて能力伸展と取り組みプロセスを重視した評価を実施。
・中長期の目線では、社員が将来めざしたい姿と、上司が描く育成計画を持ち寄り認識合わせするキャリアデザイン面談に基づき、業務経験やローテーションを実施。
・健全なキャリア意識醸成のため、各世代にキャリア研修を実施。

・節目ごとに行われる階層別教育、必要な人材を広く社内から募集する社内人材公募。

このように人材育成に力を入れてきた。なぜここまで力を入れるのかというと、「最高の製品は、最高の人によってつくられる」——研究開発とモノづくりを支えるのはヒトづくりであるとの考え方から、人材こそがもっとも重要な経営資源と位置づけているからだ。

多くのスキルはOJTで身につけた

OJT（On-the-Job Training）は、日常の業務に就きながら行われる教育訓練のことだが、その目的は現場で実務を行いながら、指導役のトレーナーがOJT対象者に実践的な知識やスキルを教え、即戦力を育てることだ。

私もこのOJTで上司や諸先輩から本当に多くのことを学び、スキルを習得していった。職場を離れて学ぶOFF-JTも定期的に実施されるが、やはり職場で仕事を通しての学びの方がより実践的で将来的に活かせるものだと感じている。

それでは、ここから会社員時代に習得したスキルが独立してからどのように役立ったのかを紹介していく。

パソコンスキル

もう40年近く前のこと、私が新入社員だった頃、部署に共有のパソコンのようなものはすでにあった。富士通のOASYSというワープロとNECのLANPLANという表計算ソフトのパソコンだ。いずれもネット接続されていないスタンドアローン・タイプで記憶媒体は大きなフロッピーディスクだった。当時、電卓は一般的に使っていたが、中にはそろばんで計算する人もいるような時代だったので、機械で一瞬にして表計算が完了することに、「便利なものがあるものだ」といたく感心した。

そして、ようやく1人1台の自分専用パソコンが配られたのが30歳の頃だった。大企業だったのでIT化したのは、他社に比べ相当早かった。そこからパソコン教室に通うわけではなく、見よう見まねで時々詳しい人にレクチャーされながら、パワーポイント、エクセル、ワードなどを徐々に使いこなせるようになった。

今振り返ると、まだ役職もない平社員の時代に自分専用のパソコンが与えられたことはベストなタイミングだった。何よりも実務で使いこなさなければならなかったからスキルが身についた。私よりも一回り上の世代は、パソコンを実務で使うことはなく、会社のデータベースを閲覧している程度だったので、パソコンに対して苦手意識がある。

そんなわけで、退社する頃にはパソコンスキルにはある程度自信があった。エクセルで損益計算書をつくり、パワーポイントで企画書&事業計画書を作成することはいとも簡単なことだった。ホームページなどのサイトづくりも自分ひとりでやった。農業の世界ではパソコンを使いこなせるような人は当時ほとんど存在しなかった。メールで連絡するのではなく、携帯電話かファックスで連絡するのが当たり前の世界だから、私のようなITに明るい人は貴重な存在だった。その点でアドバンテージを持ちつつ農業参入できたわけだ。

資料づくり・プレゼンスキル

企画部門に長く在籍したので、事業部長や会社の幹部クラスに報告する資料づくりに相当な時間を費やした。さらに上司からの指導もあり、資料づくりのポイントも習得した。

いつも心掛けていたのは、その1ページで伝えたいこととその理由をとにかく簡潔にわかりやすく表現することだ。会社のトップクラスはスケジュールが分刻みで設定されており、スキマ時間もわずかしかない。そんな中で事細かに詳細を語ってもまず聞いてもらえない。時間がないからまたにしてくれと押し返されてしまう。だからたとえ説明時間がなくても資料さえ見てもらえれば、一瞬で何が伝えたいのかがわかる、そんな資料づくりに徹した。だから資料は視覚的にインパクトのあるグラフやマトリックスを使い、文字の羅列は極力避けるという工夫をした。

プレゼンについては、社内会議で説明する場面も多かったのもあるが、もっともスキルアップにつながったのは昇進研修時の課題発表だった。それは自分がこれまでやってきた仕事の実績・成果とこれからの目標とアクションプランの資料を作成して発表することだ。この発表は、ほぼ1か月の間、普段のルーティーンワークから離れ、休日返上で没頭する。発表までの過程で上司の厳しい指導も仰ぐことになり相当なストレスだ。だからこそプレゼン能力はこの課題発表で大きく飛躍した。

この資料づくり・プレゼンスキルは、起業後様々な場面で活かされた。農業大学校卒業時の発表、行政・農業委員会への事業説明、補助金申請時のプレゼン、あともっともダイレクトに成果が上がったのは、講演会やセミナーで登壇したときだ。アンケート結果から資料がわかりやすく、伝えたいこともよくわかった、との評価をいただくのは嬉しい限りだ。

企画書&事業計画書作成スキル

会社に在籍していた頃は、プロジェクトの事業性を見極めるために、事業計画書・損益計算書づくりは必須のスキルだった。デンソーがいくら優良企業といっても、立ち上がり当初から安定した事業の見通しが立つような楽なプロジェクトはほとんど存在しない。

よくあるのは、最初に損益計算書を作成してみたら大赤字で、しばらく黒字転換の見込みが立たないようなプロジェクトだ。そこから参画メンバーで知恵を絞り、設計変更、設備投資見直し、生産ラインの合理化、安価な部品調達、製品の値上げ交渉など様々なコストダウン案件を織り込んで、なんとか3年目でギリギリ黒字転換を図れるような事業構想を作成して事業審議会でトップの承認を仰ぐ。

損益計算書を作成するときにいつも3つのプランを用意していた。ミニマム・スタンダード・マックスプランの3つだ。プロジェクトの構成要素でもっとも不安定なのは売上がどれだけ上がるかだ。たとえばヨーロッパでトヨタが新車を発売するとして、その車がヨーロッパの人々に受け入れられ人気車種になるかどうかは不透明と言わざるを得ない。そんな中で、車の売れ行き（＝デンソー製品の売上）の前提をミニマム・スタンダード・マックスプランの3通りとした損益計算書を用意していた。

マックスプランならハッピーなストーリーなので、何の問題もないが、最悪のケースはミニマムプランになったときだ。車はリコールなどもあるので、現実的に起こり得るケースだ。だから常に最悪のケースをあらかじめシミュレーションしておくことで、もしそうなった場合には何をどうするのかを考えていた。それくらいきめ細かく様々なケースを想定して損益計算書や事業計画書を作成していた。それだけやっていたからスキルには自信がある。

脱サラしてどんな農業をするのか模索している中で、このブルーベリー観光農園モデルを思いついたときに、すぐさまざっと損益計算書と事業計画書を作成してみた。するとビックリするような想定外の結果が出た。それは「利益率が半端なく高く、極めて生産性の高い農業モデル」ということだ。もちろんお客様が来てくれたらという前提ではあるが、薄利多売が当たり前の農業の世界で、利益率の高い農業モデルなど見たことがなかった私にとっては衝撃的な結果だった。さすがに計算間違いではないかと何度となくチェックしてみたが、間違いは見つからなかった。

このときこの事業の成功を確信した。まだ事業を始めていないのに間違いなく大きな成果を手にすることができる、そんな予感がした。何か小躍りしたくなるような気分だったことを今でもよく覚えている。いざ事業を始めてみたら、その損益計算書の通りの結果が出た。精度の高い損益計算書だったということだ。

もうひとつ役立ったことがある。これは後述もするので、詳しくは省略するが、オンラインセミナーで企画書&事業計画書のつくり方というカリキュラムを2か月にわたり教えたが、アンケート結果から、とてもわかりやすくて役立ったとの評価をたくさん頂戴し、数あるカリキュラムの中で一番人気になっていることだ。これもデンソー時代に習得したスキルが十二分に成果を発揮したからだ。

この項の最後に

ここで紹介したのは、事務系会社員として学んだことが、まったく異業種である農業で本当に役立ったことを示したものだ。読者の方のキャリアは人それぞれで私のケースには当てはまらないと思われるかもしれないが、どんな職種のキャリアでも起業したときに必ず役立つと確信している。私のようにデスクワーク中心の仕事ではなく、肉体労働中心のブルーワーカーだとしても前職が必ず役立つ。なぜなら私はＤＩＹが得意ではないので、農園建設、養液栽培導入工事など大半の作業を外注したが、ブルーワーカーの方ならそれまでのスキルを活かして自前で作業を行うことで工事費、建設費、メンテナンス費を削減できるはずだ。

アップル創業者のスティーブ・ジョブズ氏は、スピーチの中で「今やっていることが人生のどこかでつながっていくと信じてやっていくしかない。後から点と点を線でつなげることが大事だ」

と言っている。だから、まだ起業の覚悟ができていない人でも、この先の人生の中で必ず役に立つことがあると信じて、今目の前にある仕事に手を抜かずに一生懸命取り組んで自分のものにしてほしい。脱サラ起業したときに必ず実を結ぶときがくる。同業種で独立起業するよりも、むしろ異業種で独立起業した方が今までのキャリアがより一層活かされてくるのではないか、そう感じる。「人生にはムダはない」とよく言われるがその通りだ。

このようにキャリアやスキルは一朝一夕に手に入れることはできない。ある程度長い期間が必要なものだ。前述したように起業の平均年齢は43歳でここ数年変わらない。ということは4年制大学を卒業して就職するのが23歳、様々なキャリアを積んでスキルを身につけた20年後の43歳で会社を飛び出し独立起業するというのがオーソドックスな脱サラ起業パターンであることが見えてくる。40歳を迎えたら起業のベストタイミングが来ていると考えた方が良さそうだ。

【Eco&Efficiency 環境にやさしく、かつ効率的に】

この分野がデンソーの神髄かもしれない

デンソーの5つの教え、3つ目はEco&Efficiencyだ。

昨今は、世界的な地球温暖化による環境への悪影響や、日本の少子高齢化による人口や労働力の減少に関心が集まっているが、デンソーはこれらを解決するためのＳＤＧｓや生産性向上に真正面から向き合ってきた。とにかくムダを省き、余分な資源やお金は使わない、可能な限り効率化して生産性を向上する、これに当たり前のように実直に取り組んできた。

デンソーでは、毎年の年度計画で合理化・コストダウン効果○○億円とか生産性向上○％などをメディア配信や決算発表時に公表している。たとえば２０２３年３月期決算資料によれば、営業利益増減要因の中で「合理化・対応力強化」に９５０億円の効果があり、利益を押し上げたとしている。さらに２０２４年３月期の予想として「合理化・対応力強化」に１７５０億円の効果を見込んでいる。

決算資料では、様々な利益変動要因を反映して利益目標を提示している。利益変動要因の中には、部材・物流費アップや素材・エネルギー費アップなど利益を否応なく押し下げる要因も多い。だから自分たちの取り組み次第で効果を生み出せる「合理化・対応力強化」は企業の実力や姿勢を示す意味でもとても重要な施策だ。その効果を達成したその先に当該年度の売上と利益目標が設定されている。要するにコストダウンも生産性向上も「やれたらいいな」ではなく「絶対達成」、デンソーでは「必達目標」と表現していたが、とにかく必ずやらなければならない目標だ。だからこそ、全社一丸となって必死に向き合い取り組むわけだ。そして前述の通り個人レベルの目標と計画に反映されていく。

徹底的にムダを省く考え方はどこに起因するのか

なぜこのようにムダを省くことに一生懸命になるのか。これはトヨタ生産方式と5Sが源流にある。デンソーはトヨタグループの中核企業であり、トヨタ自動車の良いところはすべて取り入れている。

トヨタ生産方式とは、いわゆる「かんばん方式」といわれる「ジャスト・イン・タイム方式」のことだ。それは、ムダの徹底的排除の思想とつくり方の合理性を追い求め、生産全般をその思想で貫きシステム化し、必要なものを必要なときに必要なだけつくる、という方式だ。

このトヨタ生産方式を支えるのが、5Sという考え方だ。5Sとは、整理・整頓・清掃・清潔・躾（しつけ）の頭文字を取った名称で、職場環境をより良く維持・改善していくための活動で、5Sを徹底していくと、スペースのムダ、時間のムダ、ミスするムダや、移動のムダなど、業務における様々なムダがなくなり、どんどん効率化されていく。基本的には、生産現場を効率化するための活動だが、デンソーではオフィスでも5Sは取り入れられている。各部署には5S

委員という担当者がいて、休日前の終業時間に5Sが徹底されているのかチェックしていた。

このように、ムダを省くという考え方の源流は、トヨタ生産方式や5Sにあり創業当時から今日まで脈々と受け継がれDNAに刻まれているようなものだ。だから徹底的にできる。

全社一丸で取り組んだエピソードを紹介

一体何から話そうかと思うくらい様々なエピソードがいくらでもある。オフィス勤務だった私でさえも今振り返れば、よくあそこまでやっていたな、という話がいくつもある。もし工場勤務であれば、現場で行われていたことで、もっとすごいエピソードをたくさん持ち合わせていたかもしれない。ここは実際に私が体験したことを伝えることで、その半端ない取り組みが理解いただけるはずだ。まずは、そんな小銭レベルまでこだわるのかという話から入っていこう。

6兆円企業が1円どころか1銭までこだわり大事にする

事業企画の担当者だった頃、大半の仕事は見積作業だった。担当製品の原価がどれくらいになるのか見積もる作業だが、素材、購入部品、内製部品、加工・組み立て費用、設計などの間接費用、営業などの販管費用をすべて織り込んで見積もる。その見積もりを叩き台にして販売価格をいくらにするのかという重要な「値決め」作業が始まる。

見積担当者は通常1円単位ではなく、1銭の単位まで計算して原価をはじき出す。銭という単位は、為替や株の世界で目にするくらいで、普段は銭という単位に触れることはない。ましてや会社は6兆円企業で従業員約16万人という超ビッグサイズなのに、計算は1銭の単位まで算出する。こんな小数点以下まで計算する必要があるのか、普通はそう思うはずだ。

まだ若手の頃、ある製品の事業企画を担当していた。その製品は自動車には何個も取り付けられている標準的な部品で、完成度が高く設計から製造まで考えられる合理化やコストダウンが尽くされている製品だった。100均並みの価格で取引され、デンソーのラインナップの中では最安価の部類に属するものだった。ただ価格は安いが生産量が半端なかった。月に数千万個を製造していた。仮に月産1000万個とすれば、1銭の差は月10万円、年120万円、10銭ならその十倍利益が変わってくる。その他、生産ラインの工賃は秒あたりで計算され、銭の単位は重要。また購入部品でも1円未満で20銭とか30銭という単位で取引していた部品を記憶している。

このように6兆円企業なのに1銭を大切にする姿勢はデンソー社内に浸透していた。もちろん「木を見て森を見ず」のように大局を見ないことは弊害が多いが、その辺は経営陣に任せて、若手は1銭まで大切にすることを叩き込まれてきた。

コスト削減のためにここまでやった

デンソーは徹底的にムダを省いてコストを削減するというマインドを常に持っている。会社が傾くようなことはこれまでなかったが、それでも外的要因で業績が停滞したことは何度もあった。そのようなときは、様々なコストカットの施策が打ち出されるが、それをいくつか紹介する。

工場の現場でお昼休みに消灯するのは当たり前かもしれないが、オフィスでも昼休みは消灯する。本社ビルは大きな建物がいくつもあり、それをつなぐ渡り廊下では必要最低限の明かりを残して、あとはすべて終日消灯されている。

コピー用紙は通常は白色紙を使用するが、景気が悪くなるといわゆる〝ざら紙、わら半紙〟になる。資料の印刷やコピーもこれに合わせて、カラーだったものがモノクロに変更される。

オフィスの清掃は、私の入社当時は外注化されていたが、いつの間にかコストカットの一環として自前でやるようになった。小学校と同じように順番で掃除当番が回ってきて、社員は自分たちで清掃している。

交際費がほとんどない

あとデンソーには、ほとんど交際費がない。私も会社で交際費を使った記憶がない。営業の幹部でもない限り、使えるような交際費は予算として確保されていない。デンソーはいわゆる「B to B」の企業で、新規の顧客を開拓するようなことがほとんどない会社のため、それほど交際費を使う必要性はないということもあるが、この辺のムダを排除するためには得策だ。

以前、バブルが崩壊してまだ金融機関が立ち直れずにいた頃、金融機関に勤める大学時代の友人と会食した際に、交際費でご馳走してくれた。金融機関と製造業ではここまで温度差があるのかと驚いたことがあった。デンソーをはじめとする日本の製造業はそれほどまでにコストに厳しく世界に誇れるものだと強く感じた。

ここに紹介した事例は、私が在籍していた15年以上前の話で、現在は状況が変わっているかもしれないが、今もなお安定して超優良企業であり続けるデンソーの考え方や姿勢が大きく変わっているとは思えない。現状に胡坐《あぐら》をかいて満足しているわけではなく、常に弛《たゆ》まぬ努力があるからこそ、この先もしばらく安泰と言えるわけだ。

技術力でも環境問題に大きく貢献

考え方や取り組む姿勢だけではない、技術力も超一流だ。ハイブリッド車や電気自動車が世の中に現れる前から、デンソーは省エネ・環境問題に大きく貢献してきた。排ガス規制への対策や軽量化・燃費向上への取り組みなど、持ち前の技術力で世界に寄与してきた。

ハイブリッド車や電気自動車が世の中に登場してからは、モーターを適切にコントロールするために開発されたパワーコントロールユニットの開発で貢献してきた。電気自動車はモーターとバッテリーだけでは走れないし、パワーコントロールユニットがなければ走れない。このユニットを開発しているデンソーの環境問題への貢献度は高い。

ブルーベリー栽培も環境への貢献度は高い

次にムダを省き環境にやさしく、しかも生産性向上に取り組んできたデンソーに学んだ私が、いかにブルーベリー観光農園への起業に活かしてきたか伝えていく。

まず農業は植物を育てて二酸化炭素を吸収するわけだから基本的に環境にやさしい産業と言える。同時に環境保全という役割も果たしている。ただ農業といっても様々なスタイルがあって、たとえば大型トラクターやコンバインを使用したり、ハウス栽培で暖めるために重油などのエネルギーを大量に消費したり、収穫作業を機械化したり、という環境負荷の高い農業も多い。

ブルーベリーはどうかというと、大型の農業機械は使用しない。基本的に露地栽培なので重油などを消費することもない。極めつきは、観光農園なので収穫はお客様がやる、すなわち人力でするわけで、これだけ見ても環境への貢献度が高いことがわかるはずだ。

日本ではあまり浸透していないが、「フードマイレージ」という考え方がある。フードマイレージとは、「食料の輸送量（t）」と「輸送距離（km）」をかけあわせた指標のことで、この数値が高ければ高いほどCO_2排出量が多く、環境への負荷が高いと言える。このフードマイレージを語るときに、いつも象徴的な例として取り上げられるのがブルーベリーだった。ブルーベリーの大半は遠くチリ、アメリカ、カナダ、オーストラリアから運ばれてくるが、長野県産とアメリカ産のブルーベリー1tを運ぶ際のCO_2排出量を比べてみると長野県産が5・7gなのに対してアメリカ産は2780gとその差は歴然だった。

約80％を輸入に頼るブルーベリーを国産化することは、環境問題に大きく貢献できるわけだから、ブルーベリー栽培の意識も高まる。

ボトルネックを探せ

前述の通り、これまでのブルーベリー農家が儲からない理由は2つあるが、その1つは、普段の手入れはさほど手はかからないが、収穫・出荷作業に膨大な手間と時間がかかることだ。これを解決するためにムダを排除して効率化するというデンソーで身につけたことが大いに役立った。

そもそも収穫作業がボトルネックであることを割り出すために相当な時間をかけている。一連のブルーベリー農家の作業工程を洗い出し、どの工程にどれだけ時間をかけているかを既存の農家から聞き取り、様々な資料を基に工程別の作業時間を算出した。

出荷型農園の労働時間

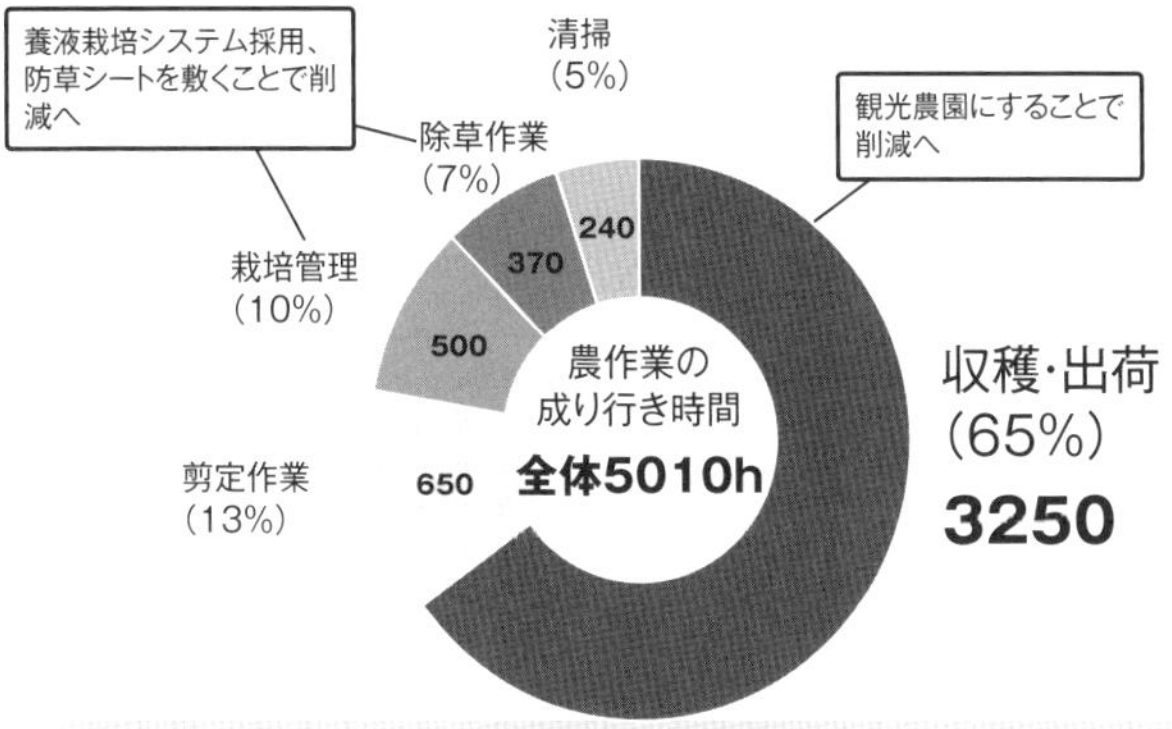

農作業時間の大半2/3は収穫・出荷作業

作業時間の3分の2を収穫作業が占める

前ページのグラフの通り、一般的な出荷型のブルーベリー農家において、作業全体に占める収穫作業の割合は50%を超え65%、すなわち作業全体の実に約3分の2を占める。なぜここまで収穫作業に時間がかかるのか説明しよう。

ブルーベリーはとにかく果実サイズが小さい。小さいからこそ、愛らしくて皮ごと頬張れる良さなどはもちろんあるが、サイズが小さいことで収穫に手間がかかることは容易におわかりいただけるだろう。さらにブルーベリーは規則正しく一気に熟すことはなく、ポツポツと気まぐれな感じでまばらに熟し始める。ぶどうのように房ごと一気に熟して一度ハサミを入れれば収穫完了とはならない。

仕方がないので、一本のブルーベリーの木をすべて収穫するのに時期をずらして3回に分けて指先で1つずつ丁寧に収穫していくしかない。気が遠くなるような作業をしている。当然自分ひとりや家族の応援があってもやりきれないので、パートさんを頼むことになる。熟練のパートさんでも1時間に2kg収穫して、良品を選別しパック詰めするのがやっとだ。

収穫作業をつぶすしかない、とにかくつぶすしかない

この収穫作業をなんとか短縮しなければ、ブルーベリー栽培で利益は望めない。米国では一部加工用のブルーベリーは機械で収穫しているようだが、生食主体で収穫量が少ない日本では、まず効果は期待できない。様々なアイデアを出した挙げ句、収穫作業をお客様にお任せするという観光農園化することを決めた。

試算した農園の収穫量は6500kgと想定されるが、これをベースに計算すると、収穫時間は6500÷2＝3250時間必要になる。これが観光農園を想定すると、私の農園では店頭に並べるブルーベリーのみ収穫が必要になるが、それにかかる時間は4人のパートさんが60日間、毎日1時間だけ収穫作業をすれば十分。時間に換算すると4人×1時間×60日間＝240時間。差引3250－240＝3010時間となり約3000時間の作業時間が削減される。これを労務費に置き換えると、時給1000円として3000時間×1000円＝300万円のコスト削減につながる。

観光農園にすることの波及効果は大きい

さらに観光農園にすることによって、小売価格（卸価格の3倍前後）で販売することが可能

になる。原価を削減できるだけでなく、販売価格もアップになるので、お客様さえ来ていただければ利益は飛躍的に上がる。

具体的にいえば、出荷型農園と観光農園では1kgを販売した場合、粗利で900円→6800円となり約7倍に跳ね上がる。

観光農園化することは自分たちにメリットがあるのは間違いないがそれだけではない。お客様にとっても60品種の中から好みのブルーベリーを時間無制限で堪能できるのは貴重な体験となり、夏の思い出になるからとっても喜ばれる。W-in-Winの関係が成立するし、お客様とダイレクトにつながれるのもありがたい。

観光農園による作業時間短縮

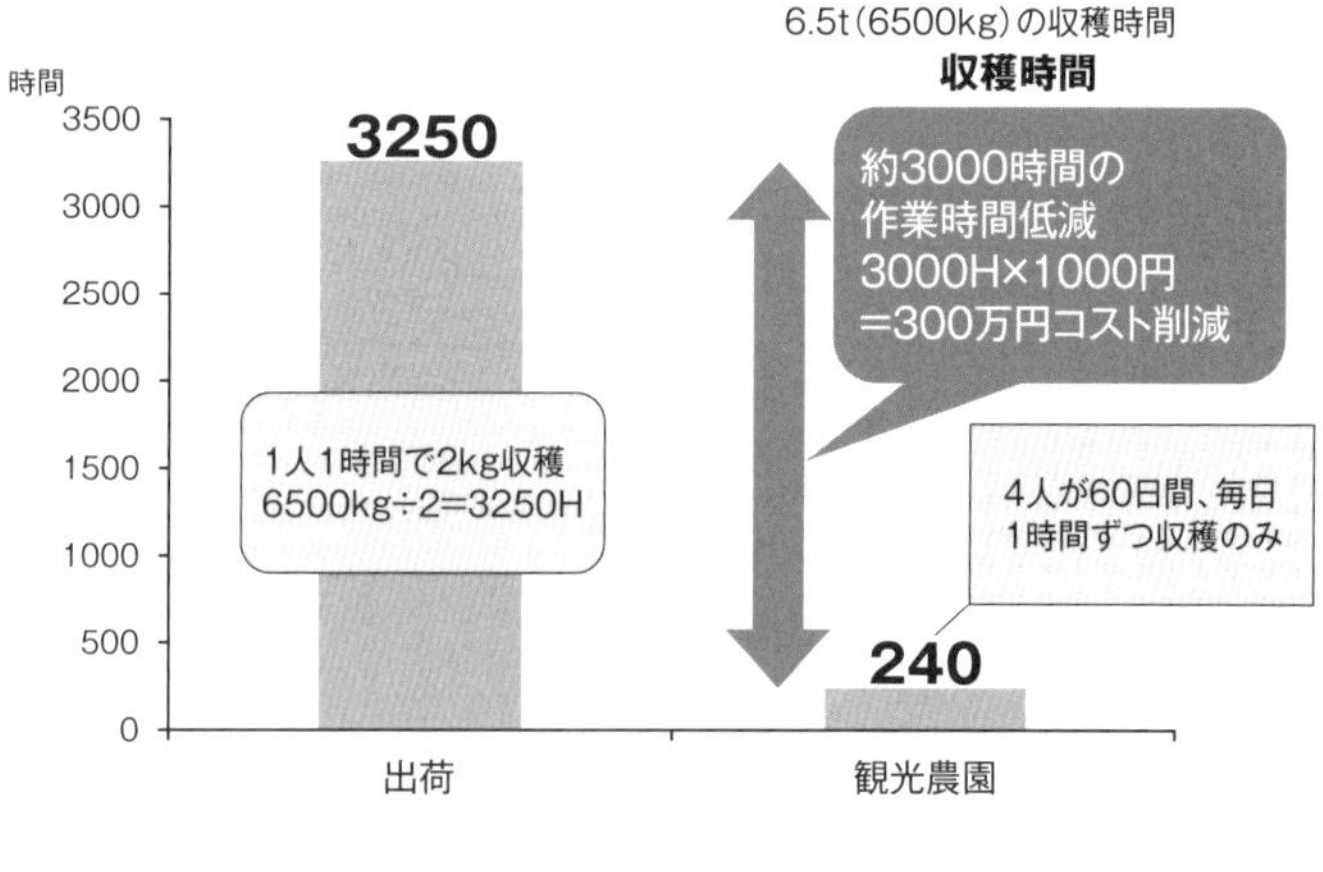

出荷vs観光 粗利比較

6月1kg売り上げた場合の収益比較

	市場出荷	観光農園
価格（kg）	1500円	7000円
労務費	500円	100円
箱代	100円	100円
粗利	**900円**	**6800円**
リスク	市場価格低迷 クレーム	売れ残り 付帯設備コスト

価格：+5500円

粗利：+5900円

更に
入園料
2500円

観光農園化による収益増

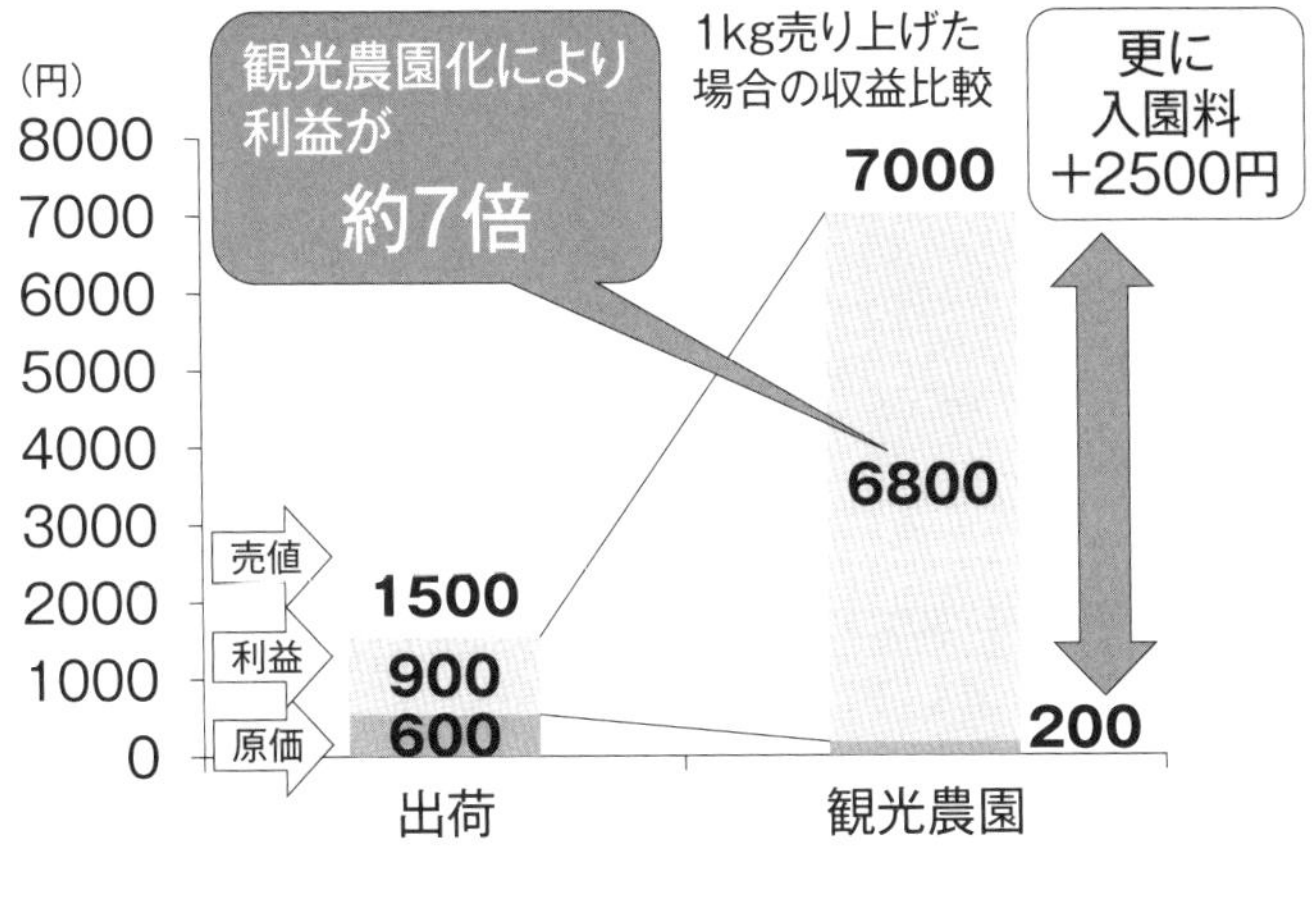

草刈り作業の軽減も図る

収穫以外の作業は、各工程の作業時間はそれほど大きくはないが、可能な限り効率化した。農家にとって、除草作業・草刈り作業は相当な時間を割かれる。4月から10月は月1回、夏場は月2回の草刈り作業をしなければばならない。特にブルーベリー最盛期の夏場は嫌になるくらい毎日草が伸び放題、その忙しさの中で草刈り作業の時間を捻出するのは容易なことではない。

このような中で答えを見つけた。畑に防草シートという黒いビニールシートを敷き詰めることだった。このシートを購入して敷き詰めることは、費用と手間がかかるが、後々草刈り作業から解放される。その費用対効果を算出して、迷わず実施することにした。この防草シート採用も思わぬ波及効果を生んだ。まず雨の日でも畑内がドロドロにならず快適に歩き回れる。またハイヒールの女性客やベビーカーを使う家族連れにとっては、地面がフラットに歩けて好評だった。

その他栽培管理についても、システム化を図り、日常の手入れ作業の大半を無人化した。これについては、次のNext standard（次世代の標準モデル）のところで説明する。

集客はデータ集めに注力して、PDCAを回した

デンソーは、B to Bでお客様は自動車メーカーと決まっているので、集客する必要はなかった。だから集客については、起業後に一から学んだ。しかしながら、集客のノウハウそのものは後から学んだが、PDCAを回していかに効率よく集客をしていくかについては、デンソーでの学びが役立った。

集客は、ホームページ、ブログ、SNS、YouTube、リスティング広告、メディア取材など有料無料を問わず、効果がありそうなものはすべてやった。ただやっただけでは意味がない。予約して来園していただいたお客様の属性のデータを取ることにもっとも力を入れた。具体的には、予約フォームに日時、お名前、人数、連絡先を書いてもらうのは当然だが、それ以外にアンケートを用意しておき任意でお答えいただいている。そのアンケートは❶**何がきっかけで予約したか**（何を見て予約したか）❷**誰と一緒に来るのか**（家族、夫婦、カップル、友達など）❸**ご来園は何回目か**（リピーターかどうかの確認）❹**お住まいはどこか**（都道府県のみ）という4つのアンケートだ。お客様が無理なく答えられるようにフリースペースに書いてもらうのではなく、選択肢を用意しておいて選んでもらう方式で、極力答えやすいように工夫した。

予約フォームも市販の予約システムを使用せず、自分でオリジナルのフォームをつくった。市

販のものだとフォーマットが定型のものになっていて自分の欲しいデータを入手することができないからだ。様々な工夫をした結果、任意のアンケートでも、実に95％以上の予約者から回答いただけている。とても信頼度の高いデータを入手することに成功した。

予約時のアンケートの回答は貴重な財産

さきほどの4つのアンケートのうち、もっとも重要なのは❶**何を見て予約したのか**だ。ここはかなり選択肢を細分化して選んでもらっているので、詳細なデータが得られる。たとえばSNSといってもいくつもあるので、FacebookかInstagramかXか、あるいはテレビでもどの番組を見たのか、新聞は何新聞なのかなど、どの媒体に影響力があるのかを把握できる。

最近の傾向としては、SNSを見て来園につながった客数が徐々に増えてきており、中でもInstagramとの相性が良く、勢いよく伸びている。逆にテレビや新聞を見てきた人の客数は少しずつ減っている。特に新聞の影響力は著しく後退している。また嬉しいこととして口コミや友達の紹介などのお客様も増えていることや、徐々にリピーターの比率もアップしていることなど、時間をかけて地道に取り組んだ結果もデータとして表れてくる。このように収集したデータを単年度ではなく時系列で見ていると明らかに傾向が見えてくる。

会社時代に目標達成に向けて取り組んできた手法が使える

デンソーで様々な目標達成に向けてPDCAを回して計画を立案して取り組んできた。そのとき上司から何度となく言われたのは、今起こっていること、要するに現状のデータを収集して解析すること、そこから次に何をすべきかが見えてくる、ということだった。定性的なものではなく定量的なデータに基づいてアクションを起こすこと、そして一定期間が過ぎたら、再度データ解析してアクションを随時見直していくことだ。

最近のトレンドからすると、動画ベースのプラットフォームが急成長、特にショート動画に注目が集まっており、若年層ユーザーを中心に視聴時間が増加している。TikTokやYouTubeショート動画、Instagramのリールなどが人気となっている。このトレンドに乗るためにスタッフにTikTokやYouTubeのショート動画に参入・投稿する準備をさせている。

有料広告はより詳細なデータ取得が可能

ブルーベリー狩りシーズン中のみ、Googleのリスティング広告と、Facebook、InstagramのSNS広告を有料で出稿している。有料広告はお金がかかるが、その分フィードバックされる情報量も格段に多く、有益なデータの宝庫だ。

Googleのリスティング広告でいえば、どのワードの組み合わせがキーワードとして機能したかがデータですべてわかる。クリック数とその対価、コンバージョン数とその対価など、どの広告がどれだけ成果を上げたかすべてがわかる。もっとも重要なのがコンバージョンで、これは最終的に成果につながったことを表す。すなわちネット通販なら商品購入に至った件数、観光農園なら予約に至った件数と1件獲得するために費やした広告費がデータとして入手できる。

SNS広告なら、よりビジュアル化されているので、どの写真がヒットしたか、どの動画が目に留まったかなど、Googleリスティング広告と同様にクリック数とその対価、コンバージョン数とその対価などのデータを入手できる。

このデータを入手することで、どの広告が効率的で効果的かが一瞬でわかる。効果のない広告はどんどん削除していくし、新たな広告を試行錯誤しながらどんどん投入して効果を測定し将来の集客につなげていく。

メディア活用も究極のムダを省く

メディア取材も上手く活用できれば、これほど効率的な宣伝活動はない。近年、テレビや新聞をはじめとするマスメディアは影響力が下がっている。特に新聞は、購読者が激減しており、若者への訴求力はほぼないと言っていいほどだ。ただテレビはまだかなりの影響力を持っており、テレビ取材のあとお客様の予約が一気に増えるという流れは、以前とさほど変わりはない。

メディア取材の良いところは、広告料ゼロだということ。テレビ中継であれば、事前の下見や打ち合わせ、台本準備、リハーサルなどテレビ局は延べ20人ほど動員して手間暇かけて準備してくれる。特集になれば15分間ほどの枠を使っての放映になり、広告宣伝費に置き換えれば本来軽く1000万円以上の出費になるはずだが、それを無料でやってもらえるのだから、コストカット、ムダの削減と言っていい。

取材につなげるためには、話題の提供が必要だ。単に「今年もブルーベリー狩りがオープンします」ではまったくインパクトがない。今年はこんな新しい品種を導入した、このメニューは日本でここにしかない、こんな新しいサービスを開始したなど、メディアが取材したくなるようなネタをプレスリリースでメディアに発信しなければ、そう簡単には取材依頼は来ない。ただメディア取材はアプローチしたところで必ず取材につながるわけではない。あくまで「水物」という位置づけで当てにできないものだから、プラスアルファとして捉えておこう。

有名タレントの取材はインパクト絶大

2020年の夏にTOKIOの国分太一氏が取材に訪れた。私にスポットライトがあたり、脱サラ起業してブルーベリー観光農園開業に至った経緯や農園の紹介で15分間ほどテレビ放映された。このときのインパクトが絶大で、日曜日の13時頃に放映されたが、その番組の中でブルーベリー・デザート・ピザを紹介した。それを食べた国分氏が、「美味しい」とちょっと大袈裟なくらいに絶賛してくれた。その様子を見ていた視聴者がすぐさま農園に駆けつけ14~15時頃には長蛇の列になり、一時的にオーダーを止めざるを得ず、ちょっとしたパニック状態になった。ホームページもあまりのアクセス数にサーバーがダウンして30分ほど閲覧できない状態になった。このときの瞬間最大風速は凄まじいものがあり、有名タレントの実力を思い知らされた。

詳しい集客法は、オンライン講座で公開している

ありがたいことにテレビ取材は毎年3つほど来ているので、開業16年で50回近く放映されたことになる。集客については、本書では詳しく書けないが、大きくはネット集客とメディア集客の2つに分けて、どんなアクションをしているのかをオンライン講座の中で紹介しているので、関心のある方は見てほしい。集客編はブルーベリー観光農園に限らず普遍的な内容になってい

るので、どんな業種でも役立つはずだ。

【Next standard（次世代の標準モデル）デファクトスタンダード】

QRコードを開発したのはダレ？

デンソーの5つの教え、4つ目はNext standardだ。

QRコードは、広く一般に普及している。スマホを持っていれば、QRコードを読み取って決済したり、特定のサイトに迅速にアクセスしたり、日常生活の中で当たり前に使用している。

このQRコードはデンソーが開発したものだとご存じの方は少ないだろう。

もともと自動車部品工場や配送センターなどでの利用を念頭に開発されたものだが、トヨタグループのサプライチェーンの範囲から飛び出し、世界に普及した。特許権を行使せず、オープンソースとしたことから、日本に限らず世界に向けて加速度的に普及していった。

デンソーは、基本的にOEMメーカーなので、存在自体は地味で宣伝することが苦手な会社だ。だから広く知られていないだけで、「世界初」「世界一」のような製品やシステムが数多く存在する。ホームページを見てみると世界初は130個以上生み出してきたという記述もある。私が在籍していたときも「世界一製品」「世界一シェア」というワードがよく耳に入ってきた。

世界初や世界一をいくつも生み出してきた

デンソーは、国内自動車部品業界のガリバー企業で、世界的に見てもドイツのロバート・ボッシュと肩を並べる世界企業だ。業界のリーダーであるがゆえに世界初の製品やシステムを世に送り出し、次世代の標準モデルをつくり上げていく役割を担っている。

QRコード以外では、カーナビゲーションシステム、コモンレール式燃料噴射システム、電動ステアリングシステム、ハイブリッド車用パワーコントロールユニット、ミリ波レーダー、自動車用LEDヘッドランプなどが世界初だったと記憶している。また自動運転技術も最先端を行っているはずだ。世界7極にテクニカルセンターを設置してグローバル開発体制を取っているのも強みだ。また研究開発だけでなく、ものづくりについても世界をリードする生産技術力を有している。

このように業界のリーダー・デンソーが先導して自動車の未来に新しいモデルを投入して標準モデルとしてきた。その標準モデルをつくり上げるために莫大な開発費を使い、優秀な技術者を育ててきた。未知の領域に踏み込んでいくことは、リスクもあるが上手くいけばそのモデルは標準モデルとなり、価格なども含め先行者利益を享受できる。

内製化することで技術力を蓄積、それが強み

最近の傾向として、何でも安易に外注化する動きがある。人材も正社員ではなく、派遣社員という形で外注化している。外注化は固定費を削減でき経営のスリム化を考えれば得策であり、効率的に見える。だが、外注化の問題点は、技術力が蓄積されないこと、蓄積されなければ競争力強化につながらないことだ。

デンソーは他社が外注化して対応しているところを内製化して技術や技能を蓄積してきた。それが強みとなり現在のような世界企業になった。ソフトウエア、半導体、生産設備など、どれをとっても重要な分野で自前の技術力を有していることがデンソーの大きな強みになっていると感じる。

先端技術を導入することで日本でも美味しいブルーベリー栽培が可能に

前述の通りブルーベリー栽培の課題は2つあり、その内のひとつの収穫にかかる膨大な作業

時間は観光農園にすることで解決した。お客様に収穫してもらうことで、収穫の作業時間を限りなくゼロに近いところまで圧縮することができたからだ。

そしてもうひとつの課題は、高品質の美味しいブルーベリーを安定的に供給できていないことだった。これについては先端技術を導入して、農業未経験の初心者でも大粒で美味しいブルーベリーを栽培可能にする「養液栽培」という技術を導入した。

ブルーベリーは北米原産で日本の環境に向いていない

ブルーベリーとはツツジ科に属する北米原産の落葉性温帯果樹だ。古くからインディアンやヨーロッパからの移民が、ブルーベリーの祖先である野生種を食べていた。米国の開拓時代には、移民がブルーベリーを食べて飢えを凌《しの》いでいたというエピソードもある。

北米と日本を比べた場合、四季のある同じ温帯性気候なのでその辺はまったく問題がない。ただ気温や降水量以外で北米と日本では大きな違いがある、それは土壌だ。ブルーベリーがもともと自生していた土壌は、水はけがよく、水持ちもいい、そして強い酸性という3つの特徴がある。この3つが揃っていればブルーベリーは元気よく育つ。

しかしながら、この3つが揃った土壌は、日本では極めて稀にしか存在しない。特に西日本は、粘土質土壌が多く、水はけが悪い。稲作には向いているが、ブルーベリー栽培にはまったく不向きだ。pHについては、多くの作物は5・5〜6・5くらいの弱酸性が向いているとされるが、ブルーベリーは4・0〜5・5の強酸性が栽培に向いている。日本では強酸性の土壌はほとんど存在しないので、畑や庭にただ植えただけでは、ほとんどの場合育たない。

強酸性にするために、ピートモスを投入して育てるというやり方もあるが、時間の経過とともに強酸性の特性が失われ、腐食してくるので恒久的な解決にはならない。

養液栽培という先端技術の導入を決定

この問題点を解決するために、先端技術である養液栽培システムを導入した。養液栽培は、いちご、トマト、みつばなどの栽培では以前から取り入れられているが、果樹栽培で導入しているところは極めて珍しかった。

果樹の世界は、昔ながらの栽培法を踏襲している農家が多く、新しい技術導入に対しては抵抗が強い。だが私からすればハイテク企業デンソーに20年勤務した経験から、新しい技術の導入には常に前向きだった。なぜなら、デンソーが新しい技術や手法を市場に投入して問題解決や利便性を高めることを当たり前のようにやってきたことを肌で感じてきたからだ。新しい技術の導入に関しては、いいものであれば躊躇することはない。だから養液栽培の採用についても積極的に即座に取り入れることを決定した。

人工培地アクアフォームは優れもの

このシステムでは、人工培地アクアフォームの役割が大きい。アクアフォームは主に断熱材に使用されるもので、無数の超微細気泡の中に多量の空気を含んでいるため、断熱効果が高い。このアクアフォームを農業に利用すると様々な利点があることがわかった。根が伸びるにはたくさんの空気が必要だが、アクアフォームは無数の超微細気泡の中に多量の空気を持っているため根が伸びる条件として申し分ない。特にブルーベリーはもともと太い根っこはほとんどなく、ひげ根と言われるくらい弱々しい根が大半の植物だ。だから根が脆弱なブルーベリーにとっては、アクアフォームを土壌として使用することは、根を張り巡らせるために、これ以上ないくらい最適な環境になる。

どのくらい根がスクスクと伸びるかは、アクアフォーム上に生えた雑草を引き抜いたときによくわかる。土に生えた雑草の根の長さの3倍くらい根が長く伸びている。それも真っ白でキレイな根っこだ。また多量の空気を含んで断熱効果が抜群ということは、土壌として使った場合も土の中の環境が安定するのでより一層生育を旺盛にする。

アクアフォームは、半永久的に使えるという利点も見逃せない。土耕栽培する際に使うピートモスは経年劣化してしまうのが問題点だが、アクアフォームならブルーベリーの寿命が来るまで植え替えることなく安心して使える。

養液栽培がブルーベリー本来の潜在能力を引き出す

このアクアフォームと養液栽培システムを組み合わせることで生育が劇的に早くなり、高品質の美味しいブルーベリーを安定的に供給できないという課題が解決できた。

養液栽培システムは、次ページの図を見ていただくとよくわかる。簡単に言えば、ブルーベリーが大好きな肥料を液肥という形で、ベストのタイミングで自動供給する仕組みだ。機械室の中には、肥料の原液タンクと給液コントローラーが設置されていて、自動供給している。

この仕組みを導入することによって、ブルーベリーが本来持っている潜在能力を100%引き出すことに成功した。生育が旺盛で生長が早いだけでなく、木そのものも剛健で逞しく育つ。

そしてもっとも重要なのが、美味しいブルーベリーの大量収穫が可能になったことだ。果実サイズもスーパーで売っているものよりも一回りも二回りも大きく、まったり甘いブルーベリーが収穫できる。2023年のシーズン中に糖度を計測してみたが、ほとんどのブルーベリーは糖度15度以上で中には20度近くあるものもいくつもあった。糖度の数字ではなかなか伝わりにくいので、別の表現をすると、糖度15度以上はかなり甘いので、食べていると水が欲しくなるくらいの甘さだ。

自動潅水だから作業時間も短縮

このシステムを採用することにより生育、収穫、品質について大きな成果があることは上述の通りだ。それ以外にも作業時間の削減になり効率化、生産性が向上する。要するに水やり肥料やりという作業から完全に解放される。さきほど話したようにブルーベリーはしっかりした根を持たない植物で、特に夏場など頻繁に水やりしないと枯れて

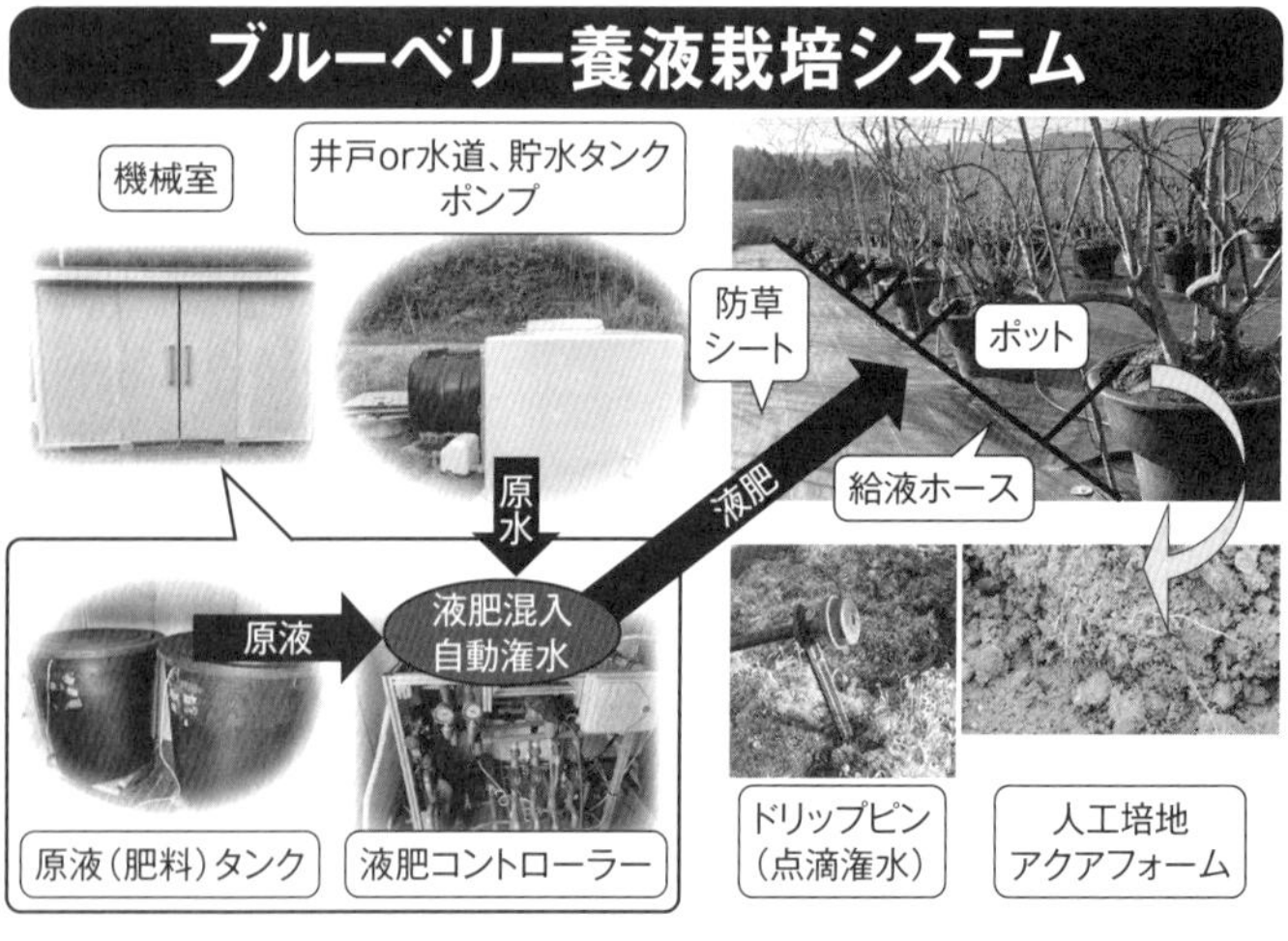

しまう。だから液肥という形で自動潅水《かんすい》することにより作業時間を大幅に削減できる。システムに任せてしばらく家を空けることもできる。

普及させるためのビジネスモデルを構築

この農園の理念のひとつは「ブルーベリーがもっと身近な日本に」というものだ。ブルーベリーを毎日食卓にあがるようなポピュラーなフルーツにする、いちご狩りを超えるくらいのメジャーなフルーツに押し上げるというものだ。

この理念の実現は、自分ひとりでがんばるだけでは到底達成できない。このブルーベリー観光農園を経営する仲間を全国に増やしていくことによって、ブルーベリー人気を高め浸透させていかなければならない。1人でも多くの賛同者を得るためにブルーベリー観光農園のビジネスモデルを構築して展開していくことが必要だ。

ここでもデンソーで学び培ってきたことが活かされる。デンソーがいつも他社に先んじて世の中に送り出してきた「Next standard（次世代の標準モデル）」を私も提示する必要があった。その標準モデルのコンセプトは下記の通りだ。

〈ブルーベリー観光農園のビジネスモデルのコンセプト〉

・経験とカンに頼らない、初心者でも容易に栽培できるモデル
・初心者がひとりでも取り組めて、徹底的に省力化したモデル
・ゆとりのためにコスパよりもタイパを重視したモデル

基本的には、養液栽培を前提としたブルーベリー観光農園というビジネスモデルだが、農業未経験、非農家の初心者でも経営できるブルーベリー観光農園をゼロからつくり上げるモデルだ。人気農園にするために何が必要で何をしなければならないかを詳細にアクションアイテムとして整備した。農地探し、資金調達、品種選定、集客、開園準備、オープン後の接客など必要なものをすべて揃えた標準モデルだ。このモデルの詳細は、次項で説明するオンライン講座「成幸するブルーベリー農園講座」シリーズを受講していただきたい。前著『最強の農起業！』を読むことでも概略は把握できる。

出版とセミナー開催で賛同者を募る

ビジネスモデルをつくっただけでは普及していかない。これを告知して伝えることが必要だ。ホームページで伝えることも重要だが、それだけでは不十分だ。重版に次ぐ重版で10刷目を数え、

ロングセラーとなった前著『最強の農起業！』の出版は大きな宣伝効果があった。そして興味関心を抱いた人たちの受け皿としてセミナーを開催した。2020年からはコロナ禍の影響を避けるためオンライン開催としている。

この観光農園ビジネスモデルをアクションアイテムとして伝えサポートしていくのがオンラインセミナーだ。入門編オンライン3か月コース、農園開設編オンライン6か月コース、集客編オンライン3か月コース、営業編オンライン6か月コースという4コースを用意している。単に観光農園をつくるところで終わりではなく、集客やオープン直前の準備、開園してからの接客や予約管理など完全にサポートできるようにセミナーを体系化した。

賛同者は脱サラ組が多い

このモデルは、農作業にかかわる時間を徹底的に削減して生産性の高い農業をめざしている。コスパというよりもタイパを重視している。なぜなら、私がそうだったように脱サラ起業の目的が「自分らしく自由に」でゆとりが欲しかったからだ。そのためにも労働時間が長いビジネスモデルでは、結局時間に追われて、ゆとりなど生まれない、サラリーマン時代に逆戻りしてしまうような起業では、一体何のために会社を辞めたのかがわからなくなってしまう。

若い人で一儲けしてやろうという野心的な人には少し物足りないビジネスモデルかもしれない。だからセミナー受講生の実に70％は40代50代を中心にした脱サラ志向の方々だ。私と同じようにサラリーマンとしての行き場を失った方からの共感と賛同が圧倒的に多い。

この書籍からセミナーという流れで毎年100人前後の方々がセミナーを受講され、これまでに100軒を超えるブルーベリー観光農園が誕生している。これからも賛同者を増やして理念「ブルーベリーがもっと身近な日本に」を実現していきたい。

【Objective and Plan 目標と計画】

デンソーの目標・計画体系は徹底している

デンソーの5つの教え、最後はObjective and Planだ。

デンソーが理念や方針をいかに手間暇かけて社内に浸透させているのかは前述した通りだ。そしてその次の段階がさらに徹底している。

それは目標設定と計画（アクションプラン）だ。目標とアクションプランがセットで会社→事業部→部→課→個人へと展開される。理念に基づき、3年から10年スパンの中期計画・長期計画が設定されている。その中長期計画の単年度目標（年度計画）を達成するために個人レベルの目標と計画、そしてフォロー体制が厳格に仕組み化されている。

およそ6か月にも及ぶ目標と計画設定

デンソーの年度計画（単年度の目標と計画）は、前年12月に海外拠点から始動する。海外の動向が年初に本社に吸い上げられ各セクションで大きな方向性や目標を設定するマクロ計画策定が進む。3月に入ると事業部内でのヒアリングを経て3月末トップヒアリングが実施される。ここでトップから必要に応じて課題が与えられ、目標の修正や上積みなどの指示があった後、事業部の全体目標はオーソライズされる。ここまで辿り着くのにすでに4か月の時間を費やしている。

4月に入り、この事業部目標が部→課→個人レベルに落とし込まれていく。社員各個人は自分の目標と実行計画をつくり込み、上司との面談を経て承認される。一方、売上などの数値目標は月単位にブレイクダウンされ細部までの目標が確定するのはゴールデンウィーク明けの5月になる。従ってすべての目標と計画が全社で確定するのは5月になってからということになり、実に6か月間かけて当該年度の目標と計画を策定しているのだ。ほかの会社で働いたことがないので、詳しくはわからないが、ここまで目標と計画に時間と労力を費やす会社は珍しいのではないか。

フォローアップも定期的に実施

計画だけではなく、進捗状況や実績フォローも定期的に行われる。PDCAサイクルを回しながら、課題を共有し改善策を検討する。場合によっては、パワーポイントを使った発表形式でフォローアップが実施されることもある。この社員個人の目標や計画に対する達成状況が会社の目標達成・未達成に直結していく。当然このフォローアップを通して、社員の人事考課が行われるので、真剣に取り組まないわけにはいかない。

この6か月に及ぶ目標と計画立案、そしてその後1年かけて進捗状況と実績のフォローアップ、さらに人事考課と続く仕組みは大企業ならではで「さすが」というほかないが、社員からしたら、相当な厳しさで多くの人はプレッシャーと感じているはずだ。だからこそ、真剣そのもので、学びも深い。これが起業後に本当に役立った。

気がつけば自然に目標と計画を作成している

このように会社も社員も目標と計画に毎年多大なエネルギーを注ぎ込んでいるからこそ、デンソーの社員は、この分野はかなり得意だと考えられる。決して楽しいものではないが、長年やっていると肌に染み付いてくる感じがする。

起業してからも、ブルーベリー観光農園の企画書・事業計画書を作成するのはもちろんだが、ふと思いついたような小さな目標でも、すぐにスケジューリングして費用対効果を算出、課題を抽出するといった一連の目標と計画業務を自然にやるクセが身についている。もちろん毎回パソコンでキレイにつくるわけではなく、メモ書き程度のこともあれば、頭の中で完結して書き出さないこともよくある。

プロジェクトの企画書&事業計画書も容易にできる

個人レベルで目標と計画をつくり慣れていると、プロジェクトに参画したとき、企画書&事業計画書の作成は難しくない。プロジェクトになると、自分単独ですべてをつくれるわけではなく、メンバーや関連部署を巻き込み合意形成しなければならない難しさはあるが、作成する要領は個人レベルとまったく同じだから、取り組みやすい。

そんなわけで、起業してブルーベリー観光農園を思いついたときに、すぐさま構想を練り、企画書&事業計画書を作成した。事業環境・ロードマップ、事業概要、経営理念、事業計画書、今後の課題などコンテンツは盛りだくさん、表現はコンパクトにして、パワーポイントで60枚以上のプレゼン資料を誰に言われなくてもあっという間につくり上げた(下図は2006年当時開園構想の一例)。

事業計画書をつくっておけば利用用途・価値は果てしなく大きい

しっかりした事業計画書を作成しておけば、そのあと様々な場面で利用できて非常に価値あるものだということを実感するはずだ。農業でいえば、農地探しのために行政・農業委員会、あるいは地

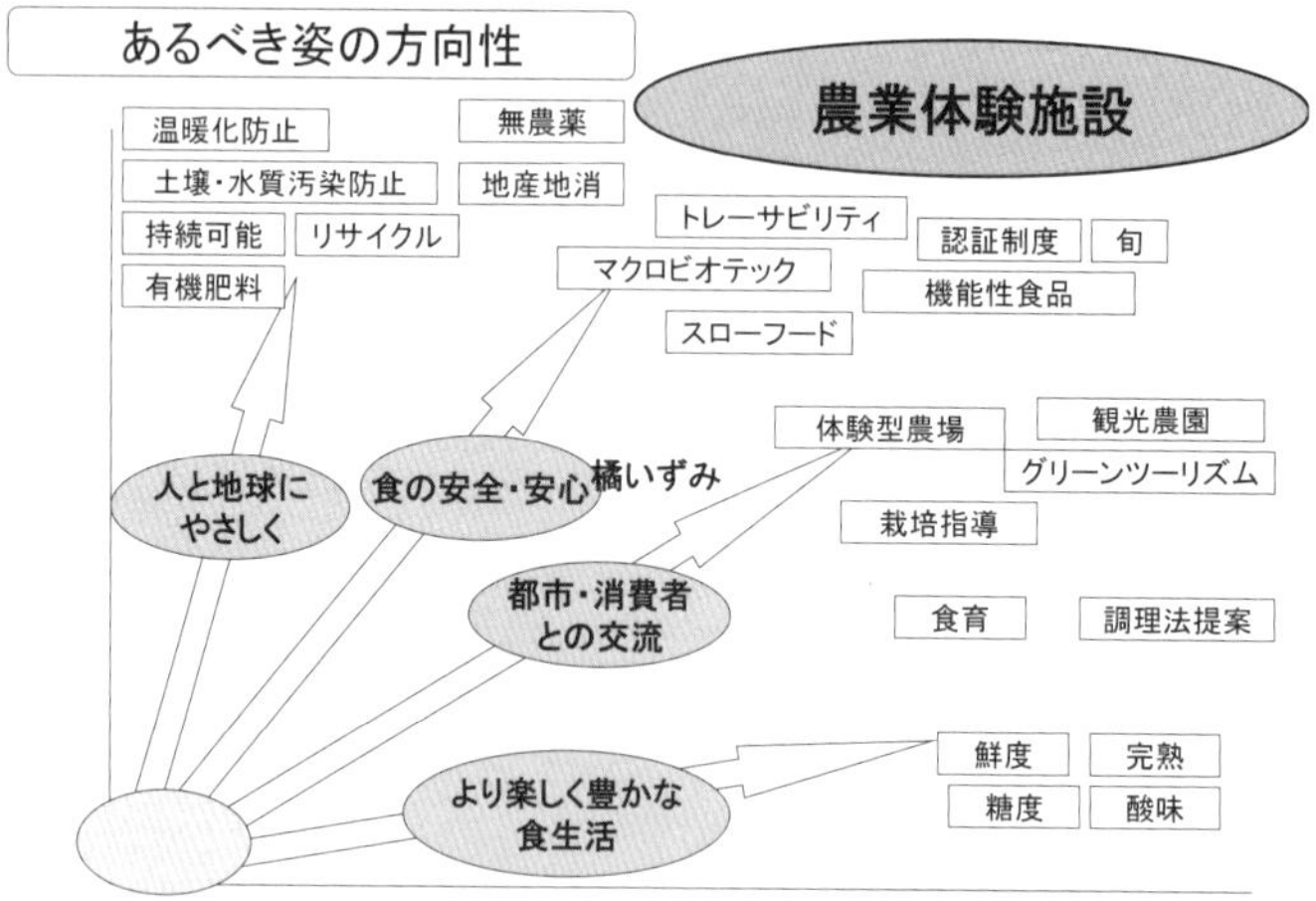

主と交渉する際に手ぶらで行くか、しっかり事業計画書を持参するかで相手側の応対や態度には雲泥の差が出る。要するに冷やかしで来たわけではなく、真剣に考えたうえで相談に来たと思わせるには、事業計画書を携えるべきだ。

それだけではない、農業の場合は、認定農業者として承認されなければ農家になることは難しいが、このときにも事業計画書は必須だ。あと農業に限らず業種は問わないが、融資や補助金などの資金調達をする際にも事業計画書がなければ交渉は進まない。

思いの外、人気だった「事業計画書作成」カリキュラム

このように目標と計画を設定して最終的に人に見せるための事業計画書をつくり上げていくことは、すべてデンソーから学び身につけたものだ。この学びが世間の役に立つと実感した出来事がもう1つある。それは、ブルーベリー観光農園を開設するためのオンライン講座で「企画書&事業計画書のつくり方」が一番人気のカリキュラムになったからだ。

そもそも、以前の講座では事業計画書のつくり方は、受講生は関心がないからスルーしてしまうのではないか、役に立つとは思えないと考えてカリキュラムから外していた。それが4〜5年前に何かの機会にたまたまこの「企画書&事業計画書のつくり方」という講座を開催したら

意外にも人気で好評だった。それでもその時点では、それほど有益で人気のカリキュラムとは考えていなかったが、とりあえずそれ以降のオンラインセミナーの一連のコンテンツの中にカリキュラムとして組み込んでみた。

アンケートでわかった一番人気カリキュラムの理由

セミナー終了時にアンケートを取っている。その中に「もっとも役に立ったカリキュラムとその理由」というアンケート項目がある。その結果を見て驚いた。「企画書&事業計画書のつくり方」というカリキュラムが一番人気だった。受講生の実に約3分の2がこのカリキュラムがとても役立ったとの回答だった。その理由は何か。大きくは2つある。1つは、受講生のほとんどは企画書&事業計画書を作成したことが人生の中で一度もないことだ。そう言われてみれば、ほとんどの人は作成する機会がないはずだ。サラリーマンでも私がたまたまプロジェクトを司る企画部門所属だったから、日常的に事業計画書にかかわっていたが、ほかの部署であれば目にすることはあっても自ら作成する機会には恵まれないかもしれない。

もう1つは、事業計画書の一般論はほどほどにして、ブルーベリー観光農園に特化した事業計画書のつくり方を教えていることだ。つくり方を絞り込んでいるからこそ、受講生にとってはダイレクトに自分に当てはめることができ実用的なカリキュラムでとても役に立ったという評価をもらえた。具体的にいえば、ブルーベリーの生育年度別の収穫量、初期投資、ランニングコストなど必要な原単位はすべて提供しているので、すぐにでも自分用にアレンジしながら、エクセルで損益計算書やキャッシュフローを計算できるから実用的と感じてもらえたようだ。

セミナー受講生からお礼のメッセージ

「行政や金融機関とコンタクトするときには、手ぶらで行かない。ちゃんと企画書なり事業計画書を持参すること」とセミナー受講生には常々伝えている。それが功を奏したのか、「セミナーで教えられた通り事業計画書を持参したら先方の応対がまったく違った。結果的に融資も下りて感謝しています」といったお礼のメッセージを多数頂戴した。

また日本政策金融公庫からは、「最近、ブルーベリー観光農園で起業したいという人が増えて、事業計画書を持参してきますが、その方々に聞くと、こちらの農園で教えてもらったというので一度訪ねさせてもらいました」と言われ、担当課長がわざわざ訪ねてくれたこともあった。

このように企画書&事業計画書のつくり方は、100%サラリーマン時代に身につけたものだが、これほど役立つノウハウを習得できたことは本当にありがたいことだ。

COME UP 2ND FLOOR HAPPY HOUR WITH SUNSET

［第９章］

好きを仕事にする８か条

好きを仕事にした偉大なデンソーOBがいる

脱サラ起業して17年間の長きにわたり事業を上手くやってこられた最大の要因は、「好き」を仕事にしたことだ。もちろんほかにも要因はあって単純ではないが、ひとつだけ要因を挙げるなら、やはり「好きなことを仕事にしたから」しかない。

私が講演でお伝えするメインメッセージは「好きな仕事があなたの人生を変える」と決めていて、もう10年以上変わっていない。

中には、「世の中そんなに甘くない」「好きなことで生活できるのだったら、そんなに楽なことはない」など多くのご批判も頂戴する。だが私のように「好き」を仕事にすることを実践して、経済的、精神的、時間的に豊かさとゆとりを手に入れた人が言わなければ一体、誰が言うのか、そんな想いで自分の役割と使命と感じて、言い続けている。

私と同じデンソーOBで会社を飛び出し、好きな道に進んで大成功した人がいるが、ご存じだろうか。作家の東野圭吾さんだ。デンソー在籍は5年ほどしかないが、在籍中から推理小説を書き続け、その後退職して専業作家となった。10年ほどはなかなかヒット作に恵まれなかったが、今では累計発行部数1億部を超える日本を代表する作家だ。OBに偉大な大作家がいることはとても心強かった。

好きを仕事にした成功者たち

アップル創業者のスティーブ・ジョブズ氏はスタンフォード大学卒業式のスピーチの中で次のように語っている。「皆さんも大好きなことを見つけてください。仕事でも恋愛でも同じです。仕事は人生の一大事です。やりがいを感じることができるただひとつの方法は、すばらしい仕事だと心底思えることをやることです」と。

また明治の大富豪、公園の父とも言われる本多静六氏は、「人生の最大幸福は職業の道楽化にある。富も、名誉も、美衣美食も、職業道楽の愉快さには比すべくもない」と言っている。

最近、日本人でもっとも注目を集めている大谷翔平氏は、野球が好きで好きでたまらないからこそ、100%野球に集中できる。本人の生まれ持った才能も並外れたものがあるが、メジャーリーグでMVPを2回獲得できるようなトッププレイヤーになれたのは、好きだからこそのいい例だ。彼の名言「人生が夢をつくるんじゃない。夢が人生をつくるんだ」に心を動かされる人は多いはずだ。

「好」の言葉の語源

漢和辞典で「好」という言葉の語源を調べてみた。「好」の字の左側は、「女」と書き、右は「子」と書く。学研の漢和辞典によると、「好」という漢字は、母親が子どもを抱いている姿を表したものだと。母親が子どもを無条件に可愛がる、そして愛情をいっぱい受けた子どもはやがて巣立っていくことを意味している。

これがわかったとき、ピタッと腹に落ちた。なぜなら、ブルーベリーは私にとってまさに子どもだからだ。1500本のブルーベリーをまさに子育てしている感覚で世話している。品種の数も60種類ほどあるが、毎日見ているとその特徴も熟知していくので、ぱっと見ただけでその区別がつく。その日々の成長を見るのが楽しくて、よく話しかけたりするほど好きで好きで仕方がない。

「好きなことを仕事にしている人」はどのくらいいるのか

ニュースサイトSirabeeが行った「好きなことを仕事にしている人の割合」に関する調査結果によると、10〜60代の男女1501名のうち、28・4%が「好きなことを仕事にしている」と回答している。個人的な感覚では4人に1人も本当にいるのか、という印象だ。

一方、世論調査や人材コンサルティングを手掛ける米ギャラップが世界各国の企業を対象に実施した従業員のエンゲージメント（仕事への熱意度）調査によると、日本は「熱意あふれる社員」の割合が6%しかないことがわかった。米国の32%と比べて大幅に低く、調査した139カ国中132位と最下位クラスだった。熱意あふれる社員とは、言い換えれば、「好きなことやりたいことを仕事にしている」と言うこともできる。やはり日本は圧倒的に少ないわけだ。あの朝の通勤電車の息が詰まるような殺伐とした陰鬱な雰囲気から察するに、残念ながらこちらの方が私のイメージにピッタリだ。

好きなことがわからない人が実に多い

好きなことを仕事にしている人も少ないが、「好きなことが見つからない、わからない」人も実に多いような気がする。だからもうすでに好きなことが見つかっている人は、幸せだ。これは起業してから気づいたことだが、世の中には若い人たちを中心に「好きなことがわからない」「やりたいことを探しているが見つからない」「やりたいことに出会わない」など、自分の好きなことやりたいことがわからない、見つからないという人がかなり多い。感覚的には半数以上ではないかと察する。

起業当時、好きを仕事にすることをテーマにした自己啓発セミナーによく参加していた。私は、すでに脱サラ起業してから参加していたので、好きなことやりたいことは明確になっていた。参加者の大半は、好きなことはわかっているが、どうやってそれを仕事にしてお金に換えていけばいいのか、その答えを探しに来ている人たちだと予想していたが、まったく違った。

参加者の中で、好きなことやりたいことが明確になっている、あるいはビジネスモデルまで出来上がっていなくても方向性は決まっているという人の割合は10人中2人か3人しかいなかった。だから私は少数派だった。残りの70～80％の人は「まだわからない」「今探しているところです」という、まだスタートラインに立てていない人がほとんどだった。

好きなことに向き合う不安と怖れ

セミナーの中で参加者とディスカッションタイムもあり、意見交換、情報交換してわかったことがある。みんな好きなことを「見つからない」「探している」と言いつつも、打ち解けて会話をすると、随所に自分の好きなことや夢中になってやれること、かつての成功体験などの話をしてくれる。そこで私は、「好きなことややりたいことは、それでしょ？」と返すと決まって次のような答えが返ってくる。

「そんなの仕事になるわけないから」
「真剣に考えたわけではなく、ただ趣味なだけなので」

というように初めから仕事にするのは無理だと決めつけている。何か目に見えない大きなものがブロックしていて、それ以上先に進むのを阻んでいる。「好きなことやりたいこと」にうすうす気づいているにもかかわらず、それを認めない人も相当数いると感じた。

好きがわからない方が楽

なぜ認めないのか。それは「好きなことやりたいことはコレだ」と認めてしまうと、もう正面から向き合って挑戦せざるを得なくなる。それはワクワクと同時に不安や怖れを感じて結構なエネルギーや勇気そして覚悟を必要とする。

私たちは、学校教育の中で敷かれたレールの上を歩いてきた。そのレールから外れること、すなわち、みんなと違うことをすることについて、〝ダメ出し〟されてきた。好き嫌いにかかわらず、みんなと同じことをしなければならない中で育ってきている。だからいつの間にか、自分のやりたいことではなく、他人から評価されることをしなければいけないという思い込みがある。だから上述のように好きなことはあっても、それを表現できないし、さらに好きなことを行動に移すことには、より高いハードルがある。

それよりも「まだ見つかっていない」としておいた方が、今の自分の生き方がたとえ不本意なものだとしても、「見つかっていないから仕方ないのだ」「まだ自分探しをしているから仕方ない」と自分に言い聞かせられる。逃げ場を用意できるから楽だというのが本音ではないか。少々キツイ言い方になってしまったが、「好きなことやりたいこと」を認めることは、同時に逃げ場を失うことになる。そこを乗り越えていかないとなかなか前には進めない。

好きなことの見つけ方

好きなことをどうやって見つけたらいいのか、そんな質問をよくいただくので、「好きなことの見つけ方」を4つおすすめする。1つ目は、子どもの頃、学生時代に何が好きだったかを思い出してみることだ。具体的には、**❶時間を忘れて熱中したこと❷感謝されて嬉しかったこと❸大きな達成感を感じたこと❹自分が成長したと実感したこと**、この4つの経験をリストアップしてみることだ。若い頃の方がまだ先入観や思い込みがほとんどない。だから、自分の気持ちに素直に反応し、興味のあることには夢中になるし、そうでないものには、あくまで無関心だ。もうすでにお伝えしている通り私の場合は、物心ついたときから、動物、植物、魚、昆虫など生き物を育てて、その成長を見守ることが、何よりも楽しかった。いろいろ回り道はしたが、結局、子どもの頃好きだったことが自分の仕事、ライフワークになった。

2つ目は、必ず上手くいくとわかっていたら何をしたか、をリストアップすること。1つ目は自分で実際に経験したことだったのに対して、2つ目は「こんなことできたらいいな」「あれ面白いな」「ここをこうしたらきっと上手くいく」など思うことはよくあるだろう。だが「どうせ無理だ」と諦めるかスルーしてしまったことをリストアップしてみることだ。これは妄想レベルでいいので、実現可否を考えないで、たくさんリストアップすることをおすすめする。

コンサルやコーチングの中で、好きなことが見つからない人には、いつもこの質問をしている「もし必ず上手くいく、成功するとわかっていたら、あなたは何をしたいですか」と。ある程度、その場の雰囲気が和んだところでこの質問をすると、自分の中で封印していたものが解放されて、好きなこと、やりたいことが素直に出てくる。それは、〝夢〟と言えるような大きなものである必要はなく、本当に身近な手の届くところにあるもので十分だ。

3つ目は、些細なことでも構わないので、なるべく自分の好きなことを選択する習慣をつけること。今日何をするか、どこに行くか、何を食べるか、どんな映画を見るか、旅行はどこに行くか、誰と過ごすか、など考えてみたら、私たちは日々、様々な選択をして生活している。この日常生活の中で、他人に合わせるのではなく、自分の好き嫌いで自らの選択をして決めていくことが大事だ。

みんなと一緒というのは、確かに自分だけ孤立することがなく、安心感がある。特に日本人は、コロナ禍を見てもわかるように同調圧力が非常に高い国民性だから、なおさら人と違うことを嫌う傾向が強い。何か見えないものに支配されて自分の意志は、優先順位が低くなってしまう。生きていくうえで、自分の意志をすべて貫くことは並大抵のことではないが、心掛けてほしい。

そして4つ目は、好きなことを仕事にしている人と一緒に過ごす時間を増やすこと。できれば一緒に仕事ができれば最高だが、それが難しければ、コンタクトする機会を増やしたい。その人が出版しているものがあれば購読はもちろん、講演会や交流会などがあればぜひ参加して、話を聞くだけでなく、積極的に質問してみたらいい。きっと快く対応してくれるはずだ。好きを仕事にしている人たちの考え方や行動に触れることで、きっと何かヒントが見つかるはずだから試してほしい。

好きなことを仕事にする8か条

それでは、好きなことが見つかったとして、それに取り組むために一歩踏み出すにはどうしたらいいのか。これが難しいことは、私が言わなくてもおわかりだろうと思うが、ここからは、一歩踏み出すために何が必要か、好きなことを仕事にするためには、何に気をつければいいのか。私なりの考え方を「好きなことを仕事にする8か条」としてお伝えする。前述の「失敗しない起業のための11か条」の続編として読んでいただいても結構だ。

1．好きなことをできる環境をつくり習慣にする

いくら好きなことが見つかっても、何もしなければ、まったく意味がない。私のように、会社を辞めてしまうのが、好きなことに全力で取り組めるもっとも効果的な環境づくりだが、人それぞれ様々な事情もあり、そう簡単にできることではない。

まずは1日5分からでもいいので、毎日好きなことを続け、起業の準備をする習慣をつくることが大切だ。好きなことなので5分では終わらないはずだ、できれば毎日1～2時間は続けたい。平日がどうしても難しければ、土日にまとまった時間を費やすことでもいい。とにかく習慣にしてしまうことが肝心だ。初めは半信半疑で始めた習慣でも、続けてさえいれば、その習慣はやがて、その人の人格になっていく。

アメリカの心理学者ウィリアム・ジェームズは、次の名言を残した。「心が変われば行動が変

わる。行動が変われば習慣が変わる。習慣が変われば人格が変わる。人格が変われば運命が変わる」。この言葉は、私たちの行動や習慣が人格や運命に影響を与えることを示している。習慣は私たちの人格を形成し、最終的には私たちの運命にも影響を及ぼすわけだ。

私も会社を辞める前に、毎朝30分、土日には7〜8時間は家庭菜園で汗を流して農業に取り組んでいた。サラリーマンを続けながら、好きなことで起業の準備をする場合、おすすめなのが、早朝の時間を使うことだ。夜に時間を取るのが悪いわけではないが、忙しければ帰る時間も遅くなるだろうし、飲み会などあると夜に時間を取るのは難しい。その点、早起きした早朝の1〜2時間は、頭も冴えているので順調にはかどる。

私の友人Bさんは、私よりも7年ほど遅れて、不動産業で脱サラ起業した。子どもの頃からマンション、一戸建てなどの不動産物件のチラシを見て、間取りの研究をするほど不動産に関心があった。彼は、製造業のサラリーマンとして忙しく活躍している中で、脱サラ起業を決意したが、その準備として早起きして必ず毎朝2時間、不動産についての勉強を重ねていった。早起きすること自体、簡単なことではないが、好きなことであるから続けられるはずだ。無理やり昇進試験の勉強をするのとは、その辺が決定的に違う。

好きなことをする習慣だけでなく、成功者たちの習慣を真似して自分の習慣としてほしい。

世の中には成功法則本のようなものは数多く出版されている。その中で紹介されている成功者たちの習慣には共通点がある。たとえば、「すぐやるスピード感」や「良書をたくさん読む」などだが、自分にもできることはぜひ真似して習慣にしてほしい。

2. できない理由探しをやめる

好きなことで起業する準備をしているときに必ず襲ってくるのが、「やっぱりできない」「どうせ無理」「やってもムダだ」という恐怖観念だ。諦めることは簡単だ、できない理由などいくつでも考えつく。仕事を辞められない、お金がない、ローンが残っている、才能がない、勇気がない、家族の了解が得られない、好きな仕事ではお金にならない、など諦める理由は無数に思いつく。

私もサラリーマン時代に、農園をやりたいと思いつつも、「いや、できるはずがない、生活できない」と自分を諦めさせる理由を一生懸命に見つけては、自分を無理やり納得させていた。そんなむなしい時間が実に長きにわたって続いた苦い経験がある。この思考回路を停止しなければならない。できない理由探しではなく、「どうしたらできるか」という発想に転換する必要がある。この発想の転換だけで、随分と未来志向に切り替えることができる。

「やめろ」と言われてもついつい考えてしまうものだが、一体どうしたらできない理由探しをやめられるか。まずは自分が怖がっていることを自覚することが大事。挑戦しようとしているから不安で怖いのだから、まず挑戦しようとしている自分を褒めてやろう。この怖れに目を背ければ背けるほど、潜在意識の中で膨れ上がる。だからしっかり味わった方がいい。誰でも通る道だから仕方ないと考えればいい。次に、なるべく達成することが容易な小さなステップをいくつかつくり、少しずつでいいから前に進めていくことで自信がついてくる。

3. 評論家の言葉に耳を貸さない

みなさんにも体験があるだろう。できない理由を並べ立てて、「リスクが大きすぎる」「やめた方がいい」「路頭に迷ったらどうするの」と意見されたことが。

その人が起業した経験があるなら、ありがたく受け取るべきだが、実際にはそうではない場合が多い。自分の経験から語っているならまだしも、やってもいないことを心配するふりをして批判ばかりする人の言葉に耳を傾けてはいけない。

常に反対意見、消極的な意見や常識を言うだけで、自分では何もしない人を〝評論家〟という。どこか他人事で、自分は少し高い位置にいるようなつもりになっている人だ。特に好きなことを仕事にするということに対しては、「現実を見てない」「世の中そんなに甘くない」「それで上手くいくならみんなとっくにやっている」というように攻撃されることは間違いない。私も農園を立ち上げる前に何度となく、悲観的なご意見をもらった。「こんな観光地もない田舎で観光農園なんて無理」「面積が狭すぎて繁盛しない」「観光バスを入れない観光農園なんてあり得ない」とありとあらゆるご批判をいただいた。こんな意見にいちいち耳を傾けていては、自分のやりたいことは一向に実現しない。

このような批判的な意見ばかり言う人が身近な友人にいたら要注意で特に気をつけたい。評論家の特徴は、問題点ばかり指摘して、解決策あるいは代替案を提示しない人だ。それは心底心配しているというよりもあなただけ幸せにならないで、成功しないでという妬みに近いのではないか。本当の友人なら、「どうやったら実現できるか」を一緒に考えてくれるはずだ。批判ばかりする友人との付き合いは考え直した方がいい。あなたにとって何もプラスにならないから。

4. 自分の内なる声、直感を大切にして、すぐ行動する

これは、前項の「評論家の言葉に耳を貸さない」の裏返しを意味している。スティーブ・ジョブズ氏はスピーチの中でこうも言っている。「他人の考えに溺れるあまり、あなた方の内なる

声がかき消されないように。そして何より大事なのは、自分の心と直感に従う勇気を持つことです。あなた方の心や直感は、自分が本当は何をしたいのかもう知っているはず。ほかのことは二の次で構わないのです」と。

自分の中で、何か感じるものがあったら、即行動に移したい。なぜ即行動かというと、考えれば考えるほど、過去の苦い経験がよみがえって心にブレーキがかかり、怖くなって動けなくなるからだ。何も大胆な行動を起こしなさいと言っているわけではないし、そんな必要もない。ちょっと調べてみる、体験してみる、参加してみる、問い合わせてみる程度のことで構わないので、まずは小さな一歩を踏み出してアクションしてみることをおすすめする。

もちろん、早とちりで失敗することもあると思うが、ほとんどの場合は、機を逃さずすぐ動くことでチャンスをつかみ、道が拓けることが多い。2016年のベストセラーになった『結局、「すぐやる人」がすべてを手に入れる』という本でも、同じことを言っている。私も自主開催セミナーの中で、いつも言っていることがある。それは、「ひとつだけでもいいので、講座の中で〝いいな〟と感じたことは、明日からではなく、今夜からやってみてください」と。考えてからとか、仕事が暇になってからやろう、ではきっとやらない。まず考える前に行動するフットワークの軽さが必要だ。行動してから考える、走りながら考えるというスタンスでいきたい。

5．パートナーの理解は必須

これについては、前述の「失敗しない起業のための11か条」でも伝えたが、特に重要だという意味で再度お伝えさせていただく。なぜなら「妻の協力なくして独立の成功なし」と言われるくらい、私も含めて身近な成功者や先輩方の話を聞くとこう口を揃える。もっとも身近なパートナーである妻や夫の理解を得ることは、そう簡単なことではないからこそ、脱サラ起業にとって必須だと言える。中には理解が得られなくて、離婚をして好きな道に進んでいる人も知っているが、そんな代償はできれば払いたくない。

結婚して子どもを産んだらどんどん守りに入る女性は多く、収入額や住む環境でもとにかく変化を嫌う。家庭を守るために転ばぬ先の杖ということでロマンに走る夫にストップをかける。だから家庭を大切に想う女性であればあるほど「嫁ブロック」をするのは当然と考えるべきだ。

避けたいのは、突然切り出すこと。日本の男性の場合、家族に心配かけまいと家で仕事のことを黙っている。それなのに急に「独立したい」と言い出すと、妻もびっくりしてブロックしてしまう。そして絶対にしてはいけないのは、事後承諾だ。これはいずれ離婚につながっていく。

ここで物を言うのは、夫婦間の長年の信頼関係だ。私の場合は、早い段階からどこかのタイミングで脱サラ起業したいとよく伝えていたので、本気で相談したときも感情的なブロックや拒否反応はなかった。大切なのは説得しないこと。説得は言い分の押し付けであって、妻の価値観の否定になるからだ。まずは徹底的に妻の不安を聞き、それを1つずつ解消する手段を考えいくようにしたい。

それでは、どうしたら妻の理解を得られるか、3つヒントを伝える。1つ目は、本気を見せること。「独立後の苦労は熱意で突破する。仮に失敗しても絶対に家族は守る」というその覚悟が妻の心を動かす。夫を一番そばで見ているのは妻。短所も長所も全部ばれていると思った方がいい。そこを突破するのは熱意しかない。熱意といっても想いだけでは全然足りない。その際、事業計画書は強力な説得材料になる。事業の目的や内容、実現するためのプロセス、収入が増えるのか、家族と過ごす時間が増えるのか等、「もう、しょうがないわね」と言わせるくらい語り合いたい。

2つ目は、可能なら副業で実績を示すこと。「本当に稼げるの?」という心配を払拭するために稼げることを見せたい。本業がハードワークだと難しいかもしれないが、週末起業で構わないので、副業である程度の収入が確保できることがわかれば、妻の理解も得られやすいし、本業にしたときにも弾みがつく。

3つ目は、「いつまで」を約束すること。期間や投資金額を限定し、結果を出せなければ潔く諦める。リスクを抑えながら、本人のヤル気を引き出す効果も期待できる。

さきほど紹介した友人のBさんの場合は、サラリーマンを続けながら毎朝2時間の起業準備を重ねながら、不動産物件を少しずつ手に入れていった。そして、彼が素晴らしいのは毎月の収支を必ず妻に説明して、将来の不安を少しずつ解消していったことだ。事業計画の収支を示し、副業でも稼げることを示した熱意はさすがだ。彼のその地道な姿勢に妻も納得して、脱サラ起業をOKした。今では不動産の世界で大活躍している。だからパートナーのGOサインは必須だと考えてほしい。

6. 獲得するのは、お金ではなく、自由だ

「好きなことを仕事にして、脱サラ起業」その目的は何か。パートナーが転職や独立に際して反対する理由でもっとも多いのは、「収入が減ること」というアンケート結果がある。だから生活に不安を与えないような収入を得ることは、最優先されなければならない。

だがしかし、私は、お金は後からついてくるものだと思っている。もちろん家族が安定して暮らせるだけの収入を確保できる算段ができなければ起業すべきでないことは確かだが、過度にお金に執着すると好きな仕事も味気ないものになってくるような気がする。私の場合は、す

でに詳しくお伝えしているように、脱サラ起業の目的は、「自由」を獲得したかったからだ。お金は最低限の生活ができるだけ稼げれば十分だと思って会社を飛び出した。組織に縛られず、自分のやりたいことを自由にできるのなら、お金は二の次だった。

それが、好きなことを仕事にして、自由を手に入れて、楽しみながら人生を満喫していたら、いつの間にか収入がサラリーマン時代よりも随分と増えてしまった。もちろん漫然と遊びほうけていたわけではないが、お客様に喜んでいただくために、あれこれ思案して生み出したアイデアが次々ヒットして収入につながっていった。それは、サラリーマン時代に経験した目標達成のために我慢に我慢を重ねてきた仕事とはまったく異質の、自由を謳歌して仕事を楽しんでいたら、いつの間にか収入が増えていたというものだ。収入を増やすには、まずは仕事を楽しむことが必要だ。

7. 決断するとは、何かを捨てること

何かを決断するということは、同時に何かを捨てるということ。決めて断つという漢字のごとく、決断の本質は「捨てる」ことにある。「あなたの目的に沿わないもの」すべてを断ち切ること、これこそが、「決断」の本質ではないだろうか。

私は、好きな農業を仕事にして生活していきたかった。サラリーマンを続けながら、週末だけ農業に携わるという選択肢がないわけではなかったが、それでは目的を達成できないことは、明らかだった。だから農業で生計を立てるという決断は、同時にそれまでのサラリーマンとしての仕事を手放す、捨てることとの決断だ。軽く1000万円を超えていた年収を放棄するという決断だ。人は、余分なものを抱えながらでは、目的に向かって突き進めないものだと思う。会社を辞めるという決断は、自ら退路を断つことによって、迷いを断ち切り、全速力で前に進む推進力を与えた。

決断したときは、「さあ、いくぞ」という前向きな気持ちだけでなく、一抹の寂しさを覚えた。それは、いくら居心地が悪かったとはいえ、私にとって会社はまぎれもなく自分の〝居場所〟であり、それを捨てることへの寂しさを感じた。しかし、その寂しさはエネルギーとなり、決断したことに対する勢いになった。だから捨てること、失うことを怖れない。

8. 覚悟したらすべてが動き出す

最後は、腹をくくって覚悟できるかどうかにかかっている。私も会社を辞めるかどうかで悩んでいるときがもっとも辛くて、退社する決意が固まった瞬間から、気持ちがスッキリして、いろんなことが目標に向かって動き出した。それもスムーズにトントン拍子にことが運び、さしたる大きな困難もなく、ブルーベリー農園経営に乗り出し、すぐに軌道に乗った。苦悩することは、大切なことだが、そこから抜け出さないと前に進む推進力は生まれてこない。

そうは言うものの覚悟することは簡単ではない。ある程度追い込まれるような状況に身を置かないと、覚悟を決めることはなかなか難しいのかもしれない。人によっては、離婚、倒産、リストラなど過酷な状況の中で、ある意味開き直って、覚悟を決めたという人も多い。

覚悟して踏み出した場合と覚悟できずに踏みとどまった場合、それぞれの場合の10年後の自分がどう思い、どう振り返るか想像してみてほしい。きっと踏みとどまった場合は後悔し、踏み出した場合は納得しているに違いない。右か左か、前進か後退か、など人は迷っているときが一番辛くて、決めてしまえば案外、楽に進んでいくものだ。

[おわりに]

40代からの 脱・先送り人生

逃げることを前向きに捉えたきっかけ

本文を書き終えて、あとがきに何を書こうかと考えた。カッコよく起業をインスパイアーするようなメッセージで締めくくろうかとも思ったが、どうもしっくりこない。何度も頭に浮かんでくるワードは、「逃げる」「逃走」だ。まえがきが「人生最大のターニングポイントは会社から逃げることだった」ので避けようと思ったが、どうしても最後も逃げることについて、掘り下げて終わりにしたい。

前著『最強の農起業！』では、「逃げる」というワードはほとんど使っていない。なぜなら、古い価値観をまだ踏襲していて「会社から逃げた」という後ろめたさに囚われていたからだ。それが今では、逃げられたからこそ、充実した人生を送ることができていると躊躇なく言えるようになった。吹っ切れたのには、書籍『ニュータイプの時代 新時代を生き抜く24の思考・行動様式』（山口周著）を読んでからだ。著書からそのエッセンスを抜き出してみた。

逃げることは、生存戦略上、もっとも有効な戦略

人間には、痛みという感覚がある。一般に日本では「痛み」に代表されるネガティブな感覚・感情に対して「我慢する」ことが美徳だと考えられてきた。危機に直面した生物は「戦う」か「逃げる」かのどちらかの選択を瞬時にするのに対して、人間はどうして、多くの場合はこの2つのオプションを取るよりも「じっと耐える」「なんとかがんばる」という選択をするのか。

このような規範が社会的に淘汰されずにいまだに残存しているということは、「逃げない」という規範が社会の中で機能する合理性があったということではないか。理由は2つあると考えられる。1つ目の理由は「逃げる人」が出てくると、自分の選択に自信が持てなくなるからだ。これは独立や転職の局面を考えてみればわかりやすい。同期入社の中から脱サラ起業・転職者が出てくると「自分はこのままでいいのか」という一抹の不安に囚われることになる。この不安を払拭するために「逃げる」ことを戒める。

2つ目の理由は、逃げる人が出てくるとほかの人の負担が増えるから。コミュニティを維持するためには何らかのルーティーンワークが必要になる。この仕事をコミュニティの構成員に割り振って分担することになるわけだが、ここで逃げる人が出てきてしまうとほかの人が逃げた人の仕事を肩代わりしなければならない。これはコミュニティのメンバーにとっては大きな負担になり、「逃げてはいけない」ということが規範化されるわけだ。

わかりやすいのは、軍事的な「撤退」の考え方だ。勝ち目がないとわかったときには損失を最小化するために迅速に撤退するのは戦略的に極めて正しいと古代中国の兵法からもうかがえるが、日本では違う。これをなかなかできずに国を滅亡の寸前まで追い込んでしまったのが旧日本軍のエリート軍人たちだ。1942年のミッドウェー海戦で主力空母を4隻失った時点で講和をしていれば、あそこまで大きな犠牲は出さずに済んだはずだ。これもまた「逃げる」ことが上手にできなかったことで生まれた悲劇ということができる。

ここで重要になってくるのが「危ないと感じるアンテナの感度」と、「逃げる決断をするための勇気」ということになる。往々にして勘違いされているが、「逃げる」のは「勇気がない」からではない、逆に「勇気がある」からこそ逃げられるのだ。だから人生の豊かさは「逃げる」巧拙によって大きく変わってくる。

逃げ出して新しく取り組んだ仕事に意味を与える

ここまで山口周氏の書籍からエッセンスを引用して書いてきたが、みなさんは「逃げる」ことを少しは前向きに捉えられるようになっただろうか。現在の仕事に意味を見出せず、ヤル気が出ないのであれば、逃げることを考えてみるべきときだ。10年以上懸命に働いてきたのであれば、会社での役割は十分果たしているし、大きく貢献してきたはずだ。臆せず自分の進みたい道に進めばいい。中にとどまるよりも外に出て世の中の役に立とうではないか。そして新しく始めた事業に意味を与え、自らのモチベーションを上げて仕事に取り組むことが充実した人生への重要なステップになる。

40代からの脱・先送り人生

人生の折り返し地点と言われる40代。これまで無縁だった生命観や人間観が、俄然、生き方を問い直してくるようになった。このままでは終われない、と生きる意味を自分に問うている

40代50代は多いのではないだろうか。論語では「四十にして惑わず」と言っているが、逆に「さ迷える40代」ともいうべき年代だ。40代が人生の折り返し地点と言われるように、これまでの経験を活かしながら、新たなスタートや価値観のアップデートを考える重要な時期と言える。これまでの先送り人生から脱してみないか。

生命はいつも変化している。人間は常に脱皮していく。死に向かって生を自覚する後半生こそ、心が律動し、生と営みを強くする。本書によって1人でも多くの方が、自分らしく生きられるきっかけになれば幸いだ。

会社から逃げる勇気

デンソーと農園経営から得た教訓

著者　畔柳茂樹《くろやなぎしげき》

農業起業家。1962年、愛知県岡崎市生まれ。早稲田大学政治経済学部卒。自動車部品世界一のデンソーに入社後、40歳で事業企画課長に就任するが同期の出世頭から2年遅れの課長就任。ハードワークの目まぐるしい日々に心身ともに疲弊して長年の夢であった農業への転身を決意。2007年に45歳で独立し、『ブルーベリーファームおかざき』を開設。生産性の発想が乏しい農業界で、デンソー時代に培ったスキルを活かし、栽培を無人化するなど革命を起こす。今ではひと夏1万人が訪れる地域を代表する観光スポットとなる。また、年間でわずか60日余りの営業にもかかわらず、会社員時代を大きく超える年収を実現。2017年に処女作『最強の農起業！』（かんき出版刊）を発表。中国、タイでも発売されるなど大きな反響があった。この書籍の発売を機に、セミナー受講者は年200人を数え、全国約100か所にブルーベリー観光農園が誕生。この経歴・活動がマスコミで注目され、取材・報道は200回を超え、海外メディア（タイ国営放送ほか）からも取材が来ている。

2024年7月5日　初版発行

企画　新田哲史
装丁　森田直（FROG KING STUDIO）
編集協力　菅野徹／若林優子
校正　東京出版サービスセンター
編集　岩尾雅彦／中野賢也（ワニブックス）

発行者　髙橋明男
発行所　株式会社ワニブックス
〒150-8482　東京都渋谷区恵比寿4-4-9えびす大黒ビル
ワニブックス HP　https://www.wani.co.jp/
（お問い合わせはメールで受け付けております。
HP より「お問い合わせ」へお進みください）
※内容によりましてはお答えできない場合がございます。

印刷所　大日本印刷株式会社
DTP　株式会社 三協美術
製本所　ナショナル製本

定価はカバーに表示してあります。

落丁本・乱丁本は小社管理部宛にお送りください。送料は小社負担にてお取替えいたします。ただし、古書店等で購入したものに関してはお取替えできません。

　ISBN 978-4-8470-7464-6